JN063932

こころを科学する 臨床心理学入門

［第2版］

森本幸子 著

ムイスリ出版

はじめに

　本書は、初めて臨床心理学を学ぶ人のための心理学の入門書です。心理学についてのよくある誤解は、「心理学を学ぶことによって人の心を読むことができる」であるとか、「心理学を学ぶことで人の心を操作できる」といった多少オカルト的な理解です。「心理学でいう〇〇理論についてきいたことはあるが、実際には心理学についてはよく知らない」という程度の認識の人も多いように感じます。心理学は、私たちの身近な事柄を科学的な視点から明らかにする学問です。例えば、「1対1では自分の意見を話せるのに、なぜグループワークになると自分の意見を言いにくいの？」や「自分は父親と性格がよく似ていると言われるけど、これは遺伝のせいなの？それとも育て方のせいなの？」という疑問を抱いたことがある人は多いのではないでしょうか。日常生活の中でふと感じる疑問を解くカギは心理学にあるかもしれません。

　本書では、心理学領域の中でも特に、心の問題を扱う臨床心理学について解説をしています。ストレス社会と言われる現代社会では、心の問題を抱える人が増えているように感じられます。本書では、自己意識、ストレス、喪失体験など、誰もが経験するであろう身近な話題から、異常と正常の判断や心理療法の話題など、少し専門的な話題まで幅広い領域を扱っています。これらの話題を学ぶことを通して、なぜ今、心の問題を抱える人が増えているのか、どのようにして心の問題を抱えるのか、また、心の問題にどう対応していけばいいのかについて、科学的な視点から理解してほしいと考えています。特に、将来、医療現場で働きたいと考えている方は、心の問題について正しく理解することが重要です。自分が抱える心の問題についてももちろん理解を深めてほしいと思っています。

　心理学は目に見えない"こころ"を扱う学問ですが、数多くの研究が行われ、その積み重ねによって発展してきました。ぜひ本書で、人のこころを科学的な視点から見つめてみてほしいと思っています。

　2021年9月

森本幸子

目 次

第1章
臨床心理学とは

　みなさんは、臨床心理学という学問を知っているだろうか。臨床心理学という言葉を聞いたことがないという人でも、カウンセリングや心理テストは知っているかもしれない。カウンセリングや心理テストは臨床心理学研究が基になり、理論的に発展してきたものである。本章では、臨床心理学とは何か、どのようにして発展してきたのかについて学ぶ。

1.1　臨床心理学とは

　臨床心理学とは、一体どのような学問なのだろうか。アメリカ心理学会（APA：American Psychological Association）では、「科学、理論、実践を統合して、人間行動の適応調整と人格の成長を促進し、加えて不適応、障害、苦悩の成り立ちを研究し、問題を予測し、かつそれらの問題を軽減させ、解消させることをめざす学問である」と臨床心理学を定義している。簡単に言うと、臨床心理学とは何らかの心の問題を抱えている人に対して、心理学的知識と技術を用いながら実践的に関わることを通して、問題解決を支援していく学問であると言えるだろう。心の問題を解決するための方法である心理療法やカウンセリング技法、心の状態を探る心理テストはもちろん、心の問題の発生メカニズムや、心の問題からの回復過程なども臨床心理学の研究対象に含まれる。

　ここ最近特に、人種間の対立、貧富の差の拡大、価値の多様化などの急激な社会的変化のために、心の問題を抱える人が増えている。このような現代社

会において、心の問題を扱う臨床心理学は、とても重要な学問領域であると
言えるだろう。

1.2 臨床心理学の成り立ち

　臨床心理学は、1896年にウィットマーがペンシルバニア大学に心理クリ
ニックを創設したことに始まると言われており、比較的新しい学問であること
がわかる。では、臨床心理学が誕生する19世紀まで、心の問題はどのように
扱われていたのだろうか。心の問題を抱えた人に対して、どのような対応が
なされてきたのかを中心に考えてみよう。

（1）古代
　臨床心理学や医学などの学問の成立以前、病気のなかでも特に精神的な病
に対する捉え方は、洋の東西を問わず、悪霊などのよくないものが体内に入
ったとするシャーマニズム的な理解が中心であった。体内に入った悪霊を体
の外に逃すことで、心の問題から回復すると考えられていたために、悪霊に
取りつかれたとされる人の身体を傷つけるなど、儀式や魔術によって体内に
入り込んだ悪霊を追い出す作業が、魔術師や宗教家によって行われていた(図
1-1)。

図1-1　テレウト族のシャーマン（版画）
(Stepanoff, C. & Sarcone 著，遠藤訳，2014 より引用)

　日本でも、心の問題を抱えた状態は、悪霊や狐に代表されるような動物の霊が取りついたと理解されていた。古くは奈良時代や平安時代に、陰陽師や僧侶が悪霊を追い出すためのさまざまな儀式を執り行っていたことが知られている。

　実は、このような例は現在でも存在する。テレビなどで、魔術師が不調を訴える人の体内から何らかの異物（たとえば、古いくぎなど）を取り出して治療する様子を見かけることがある（図1-2）。

図1-2　シャーマンの集会所での治療儀礼
(Stepanoff, C. & Sarcone 著, 遠藤訳, 2014 より引用)

　みなさんは、このような魔術や呪術に見られる原始的な治療を非科学的だと笑うだろうか。しかし、そこには現代の心理療法との類似点が存在することが指摘されている。たとえば、原始的治療では、霊魂にこそ病気の原因が存在すると考えることが前提となるが、この考えはまさに、心因によって病気が生じるとする現代の考え方と一致し、病気を治すために心を診るという視点は、臨床心理学や精神医学の考え方とも一致する。他にも、原始的治療における呪術者と病者の関係は、現在の医者や心理士と患者との関係に匹敵するだけでなく、病者の家族や親族、地域住民などを巻き込んで儀式を行うなどは、現代の集団心理療法に匹敵するとも考えられる。テレビなどでみる原始的治療の多くは一種のトリックであろうが、不調を訴えていた人が、体内か

ら不調の原因が取り除かれたことを知り、安心した表情に変わるのを見ると、不調がもたらす心理的な問題（不安や抑うつ）を緩和する効果が原始的治療にもあるのだろうと推測される。原始的治療は、その治療が認められる文化のなかでは意味がある行為なのだ。臨床心理学も同じである。がんや糖尿病などの身体疾患患者に対して心理療法を行うことによって、身体疾患自体を治療することはできない。しかし、身体疾患から派生する不安や悲しみ、落ち込みを緩和する効果は認められている。以上のように、原始的治療と臨床心理学との類似点は驚くほど多いのだ。

（2）中世

　医学の発展とともに、病気の理解が進んだ時期もあったが、5 世紀から 15 世紀くらいまでの中世のヨーロッパでは、再び迷信や魔術的思考が強まり、心の問題を抱えた人に対して悪魔祓いや魔女裁判が行われるようになった。ユダヤ教やキリスト教においては、心の病は悪魔が人に取りついたために生じるものだと考えられており、それを治すために悪魔祓いの儀式が行われていた(図 1-3)。

図 1-3　イエスが憑かれた男を治療している様子

　悪魔祓いとは、悪魔が取りついたとされる信者から悪魔を追い払うために、特別の資質をもち、特殊な修練をつんだ神父（エキソシスト）が悪魔との格闘を演じるものである。この悪魔祓いでは、現代で言うところの説得や指示、祈祷、直面化（患者が目を背け、避けていた事実に目を向けるように促すこと）、解釈などが行われたと考えられる。悪魔つきとされた人の多くは、重症のヒステリー、境界性人格障害、統合失調症など心の病を抱えた人であったと推測されるが、心の病を抱えた人のみが悪魔祓いや魔女裁判の対象になったわけではない。中井(2015)によると、魔女裁判で魔女とされた女性は、「予定通りに収穫が行われなかった」「牝牛が乳を出さなくなった」などの罪で魔女と認定されることもあったと言われている。また、魔女と認定される原因の大半は、生産力の減退に関するものであった。この時代の背景を考えると、騎士層の没落、自治都市の没落、農村の荒廃、疫病の流行など、社会全体の衰退が推測される。その責任を魔女とされた女性に押しつけるような形で、魔女狩りが成立していたのではないかと考えられる。他の地域でも、宗教闘争や無秩序状態に陥った社会を統制すべき政治家の責任転嫁の問題などが複雑に絡み合い、民衆を魔女狩りに向かわせたと考えられる。つまり、魔女とされた人びとは、単にスケープゴートの対象とされた人びとなのだ。実際、その対象は誰でもよく、ほとんどすべてのあらゆるタイプのあらゆる階層の人びとが、魔女狩りの対象となったのだった。もちろん、心の病を抱えた人の多くがそれらの騒動に巻き込まれて命を落としたことは確かだろう。しかし、心の病を直接の原因として魔女狩りの対象となることはなかったようである。社会の衰退、失業率の高さ、貧富の差の拡大など、さまざまな問題を抱えるようになると、鬱屈した市民の感情を支配者ではない別の対象（たとえば、社会的弱者など）に向けさせる、ということは現代社会でもよく行われている。最近、インターネットやソーシャルネットワーキングサービス（SNS）において、異常とも思えるほどの攻撃的な書き込みが社会問題になっているが、現代社会に生きる私たちも、インターネットやSNSに形を変えた魔女狩りに参加しているのかもしれない。

　ところで、中世の時代、心の病を抱えた人びとはどのように過ごしていたのだろうか。地域や時代によっても異なるが、魔女狩りの対象から逃れた人

であっても、さまざまな施設に収容され、世間から隔離されることが多かったようだ。しかも当時は、これといった治療法がないために、治療すらされることがないまま、施設で自由を拘束され、監禁状態のまま一生を終えた人も多かったそうである。

　原始的治療と現在の心理療法との間には類似性が見られる、ということは前述のとおりだが、実は中世における「告解」もまた、心理療法的な役割をもっていたと考えられる。告解とは、告解室とよばれる狭い部屋に入り、神父が信者の悩みや葛藤、信者が犯した罪を1対1の関係の中で聞き取り、神の名においてその罪を許す行為である。もちろん、神父は聞いた内容を他言しないことが前提となる。知っている人もいるだろうが、心理療法を行う治療者には守秘義務がある。そして、1対1で相手と対峙し、その胸の内に秘める悩みや葛藤を聴くという行為自体、まさに心理療法そのものとも言えるだろう。中世では、心理療法の役割を教会が担っていたと言っても過言ではないだろう。

（3）18世紀　ピネルの登場

　17世紀以降、ガリレオ、デカルト、ニュートンなどによって自然科学が急速に発展し、アメリカ独立戦争、フランス革命などによる貴族の没落など、価値観の転換が生じる激動の時代のなか、啓蒙主義が発展し、神秘的なものを廃し、すべての事象を合理的に解明しようとする機運が高まっていった。そのようななかで、1793年頃フランスの医師ピネルは、精神病院の地下牢に閉じ込められていた患者を開放し、患者ができるだけ人間性を回復できるような方針のもとに、自ら治療を行った。ただし、まだこの時代には心の病に対する治療法はなく、病院の中で拘束具につながれることはなくなったものの、患者は一生を病院内で終えることが多かった。そしてそれは、1900年代に入り、電気けいれん療法などさまざまな身体療法が開発されるまで続いた。

（4）催眠による治療

　心理療法につながる動きとして重要なのが催眠である。催眠というと、舞台の上で催眠術師に催眠をかけられた人が、先ほどとはまるで別人になった

かのように、舞台を駆け回ったり、動物の真似をしたりするようなイメージ
があり、胡散臭いと感じる人も多いかもしれない。しかし、古代エジプトや古
代ギリシャでは、すでに催眠が治療のために用いられていたという記述もあ
るほど、古くから治療の技法として使用されていたと言われている。

　催眠のなかでも、心理療法に大きな影響を与えたのは、ウィーンの医師メ
スメルによる動物磁気とよばれる催眠だろう。メスメルは患者に動物磁気と
よばれる流体を伝導することにより、患者の病を治療した(図1-4)。

図1-4　メスメルの動物磁気催眠治療の様子
(パリ国立図書館蔵)

　この治療法は、当時のパリで大評判になったようだ。メスメルはヒステリ
ーなどの病気を心理的要因ではなく、動物磁気という生気的・物質的因子に
よって説明すべく『動物磁気発見に関する論考』(1779)をまとめた。この当時、
動物磁気に対する評価は賛否が激しく対立していた。そこでフランス政府は、
科学者のラボアジェらに動物磁気の科学的な調査を命じた。その調査の結果、
動物磁気の存在やその治療効果は完全に否定されたが、思いもよらず、催眠
がイメージ（想像力）のような心理的要因によるものであることが明らかに

なったのだ。

　メスメルの死後、メスメリズムとよばれた彼の治療法は人びとから忘れられていった。しかし、その後も外科手術に催眠を用いた麻酔を取り入れる医師が現れるなど、催眠そのものは下火になりつつも細々と受け継がれていった。催眠が再び脚光を浴びるのは、1882 年頃フランスの神経科医シャルコーがヒステリーや神経症の治療に催眠を用いたことによるものであった。シャルコーはヒステリーを研究するなかで、ヒステリー症状を催眠暗示によって再現させることも、それを治療することもできることを示した。

（5）フロイトによる精神分析の登場

　1885 年に神経学者であるシャルコーのもとに留学したフロイトは、シャルコーが行っていた催眠によってヒステリー類似状態を作り出す実験に大変興味をもったと言われている。その後、フロイトは催眠を治療技法として用いるなかで、催眠による治療の限界を感じ、催眠を放棄することを決意する。そしてそれに代わる方法として自由連想法を考案し、クライエントの話を解釈して治療を行う精神分析学を創始するに至る。精神分析については第 8 章で詳しく述べるが、フロイトが精神分析を創始したことによって、本格的な心理療法の歴史が始まったと言える。精神分析の影響は大きく、今日でも心理療法、心理アセスメント、発達理論など、さまざまな心理学領域に精神分析の影響を見ることができる。

（6）臨床心理学の誕生

　心理学の歴史は、1879 年にヴントがライプチヒ大学に心理学実験室を創設したことから始まる。ウィットマーはペンシルバニア大学を卒業後、ヴントに師事して哲学博士の称号を得ようと、ライプチヒ大学で学んだ人物であるが、ヴントのもとで学位を取得した後、ペンシルバニア大学に戻り、1896 年に心理クリニックを立ち上げた。ここに、臨床心理学が正式に誕生するのである。

　ここで、ウィットマーに関する有名なエピソードを紹介しよう。彼は、ある一人の教師から、単語のつづりを間違えてばかりの生徒について相談される。

そこで、自身がもつ心理学の知識を用いて、その子に視覚的異常があることを発見し、子どもに適切なメガネを与えて指導を行ったところ、つづりの間違いは改善されたのだった。このようなエピソードから、ウィットマーが適切な診断を行い、それに基づいて援助や再訓練を行うことで、適切な機能を回復させることを重視していたことがわかるだろう。個人が抱える問題に対して、心理学的知識と技法を応用する重要性を示し、それを実施したという点で、それまでになかった新しい視点を心理学に取り入れた彼の功績は大きいだろう。ウィットマーが立ち上げた心理クリニックでは、言語障害、不眠、問題行動、過活動、そして学校側から通学を拒絶された子どもたちなどを研究し、教師や保護者への支援を行っていたと言われている。

　そして、1907 年には「The Psychological Clinic」という雑誌を創刊し、その中で「臨床心理学」という用語を初めて用いている。ウィットマーによれば、臨床心理学は、医学に加えて社会学や教育学と密接な関係にある学問である。なお、「臨床」には「病床に臨む」という意味がある。ヴントによって創始された心理学は実験心理学であり、心の仕組みを解明することに重きが置かれていたが、「臨床心理学」という用語には、心の問題からの回復を支援するために心理学を用いたいというウィットマーの思いが込められている。

（7）現在の臨床心理学

　ウィットマーによって始まった臨床心理学は、その後、精神分析療法やクライエント中心療法など、さまざまな心理療法理論の影響を受けながら発展を続けてきた。それは、ともすると「臨床心理学＝心理療法学」と誤解を受けるほどである。しかし、アメリカ心理学会では、心理療法などの専門的援助実践と並んで、科学的探究を臨床心理学における大きな 2 つの柱として位置づけている。わが国でも、下山(2009)は、臨床心理学では心理療法などの実践活動だけでは不十分であり、科学的な研究活動も必要である。加えて、社会に対して説明責任を果たすために専門活動も発展させる必要があると述べている。

　つまり、心理療法や心理テストは、実際の事例に関わる重要な実践活動ではあるが、同時にそれらはさまざまな理論や知識に基づいた仮説を実践活動のなかで検証するという仮説検証の過程でもあり、実践を通しての研究とも

考えられる。すなわち、臨床心理学では実践活動は科学的な研究活動であり、科学的な研究活動は実践活動でもあるということになる。そして、臨床心理学の有効性を社会に対して説明し、社会システムのなかに位置づけていく専門活動もまた、臨床心理学の重要な仕事となる。

　2017 年には、わが国初の心理学の国家資格である公認心理師が誕生した。公認心理師とは、保健医療、福祉、教育その他の分野において、心理学に関する専門的知識および技術をもって、心理的援助を行う専門職である。今後は、実践活動や研究活動に加えて、公認心理師などの心理専門職による専門活動がますます活発に行われるようになるだろう。

1.3 日本における臨床心理学の現状

　これまで、臨床心理学の歴史について学んできたが、ここでは、わが国の臨床心理学の現状についてふれておこう。実は、わが国における臨床心理学は、イギリスやアメリカなどの国に比べ、未だ発展途上にあると言わざるを得ない。

　たとえば、臨床心理学、心理療法やカウンセリングといった言葉の使い方ひとつをとってみても、まだコンセンサスを得る状態にはない。わが国では、臨床心理学、心理療法、カウンセリングといった言葉はほぼ同じ意味で使用される。そして、イギリスやアメリカでは区別されている心理士（Clinical psychologist）、カウンセラーそして心理療法家（Psychotherapist）を、まったく区別せずに、同じ人をあるときは心理士とよび、別のときにはカウンセラーまたは心理療法家とよんだりする。

　一方イギリスでは、心理士とカウンセラー、そして心理療法家はまったく別の職業になる。心理士は臨床心理学を学び、心理学の学位を取得しなければならない。そして、心理アセスメント、認知行動療法、治療効果の評価、測定に基づいた研究などを仕事とし、おもに医療機関において精神障害をもつ人に対する心理的援助を行う職業である。

　これに対して、カウンセラーは、教育学部に属してカウンセリングを学ぶ。職業や結婚など悩み全般に対しての助言や援助を行うのはカウンセラーの仕

事である。よって、活躍する領域は学校や職場であり、基本的に精神障害を持たない人に対して援助を行う。

　心理療法家とは、ある特定の心理療法の学派についての理論と技法を学び、それらに基づく実践を行う人を指す。多くの心理療法の理論は、心理学とは関係がなく、心理学的な知識が基になったものではない。なお、心理療法家の養成は、大学ではなく私的な養成機関などで行われることが多い。

　以上のように、イギリスでは、心理士、カウンセラー、心理療法家の三者の区別は明確であり、またどのような領域で活躍する人材を育成するのかというビジョンも明確である。そのため、何を臨床心理学において扱うのかについても必然的に明確となる。

　しかしわが国では、イギリスで言うところの心理士、カウンセラー、心理療法家を区別しないままに、臨床心理学という大枠で養成している。そのため、何を臨床心理学として教えるのかということが統一されておらず、大学で学んだ臨床心理学の知識が臨床の仕事に生かせない、という問題も起きているのが現状であろう。今後、臨床心理学という学問の枠組みを明確にし、質の高い心理士を養成することは、臨床心理学という学問のひとつの課題であるかもしれない。

第2章

自己意識

「あなたはどんな人?」と聞かれたら、何と答えるだろうか。自分について説明することは簡単なようで案外難しい。他人から観察できる自分については、すぐに答えることができるだろう。「私は大学生です」「私は日本に住んでいます」などはすぐに答えることができる。しかし、「あなたは一体どんな人間なの?」「これからどのように生きていくの?」と問われると、途端に答えるのが難しくなる。自分は一体どのような人間なのかを正確に理解できている人は多くないだろう。また、自分の生き方を問われる場合にはなおさら、すぐに答えられる人は皆無ではないだろうか。だからこそ、多くの人が「自分探し」とも言える行動に没頭する。大学で学ぶうちに、自分は将来どのような職業につきたいのかよくわからなくなり、大学を休学し、自分を探すために海外を放浪する旅に出るという学生を大学で見かけることはそう珍しくはない。誰もが、本当の自分を知りたいと思っているのかもしれない。自分が何を感じ、好み、どのように生きようとするのかを。

本章では、自分とは何であるのか? そもそも自分をどうとらえるのかについて考えてみたい。

2.1 自己とは何か

自己とは、自分のことである。実は、自己に関する用語は、自己概念、自己意識、自己像、自己イメージ、自我、アイデンティティなど多数存在し、しかもその意味が心理学の領域や研究者によって異なるなど、自己をめぐる研究には混乱した状況が存在する。この章では、自己に関する用語のなかでも、自

己意識に焦点を当てて学ぶ。

　自己意識とは、「意識の対象・焦点が自分自身にあることを指す」とされる（心理学辞典, 1999）。つまり、自分が自分のことを考えることを自己意識とよぶ。自己概念とは、「自分を対象として把握した概念であり、自分の性格や能力、身体的特徴などに関する比較的永続した自分の考えを指す」（心理学辞典, 1999）。よって、自分が自分の自己概念について意識することを自己意識とよんでもよいのかもしれない。つまり、意識する自己と、意識される自己の2つの自己が存在するのだ。この2つの自己について説明するとき、ジェームズ、クーリー、ミードという3人の研究者の存在が欠かせない。

（1）ジェームズの自己理論

　ジェームズは、1875年にヴントの心理学実験室に先駆けて、「デモンストレーションを行うための心理学実験室」を作った人物である。ヴントと同じように、人間の思考や意識に興味をもち研究を行ったが、両者の考え方は根本的に異なっていた。ヴントは思考や意識を要素に分けて研究すべきだと考えていたのに対して、ジェームズは思考や意識は絶え間なく流れる流体であり、つねに変化する。いったん過ぎ去ってしまった状態は二度と戻らないし、再生されたとしても、まったく同じであるということはない、と考えていたと言われている。これらをまとめたのが『心理学の原理』(1890)である。この中に自己についての記述がある。ジェームズは、それまで心理学では扱われなかった「自己」を初めて心理学の研究対象としてとらえたのだ。自己の意識状態は「知る主体としての自己（I）」と「知られる客体としての自己（Me）」の2つが存在すると著書の中で述べている。

　「知られる客体としての自己（Me）」は、3つの自己から構成される。1つ目は物理的自己であり、身体、衣服、家族、家、財産などを指す。2つ目は社会的自己であり、自分が他人にどのように認識されているかを指す。最後は精神的自己であり、心的な能力、気質、良心、道徳性、意志がこれに相当する。この3つの自己は階層構造をとり、物質的自己の中の身体的自己が最底辺に、精神的自己が最上位に位置し、その中間に身体的自己以外の物質的自己と社会的自己が位置するとされる(図2-1)。

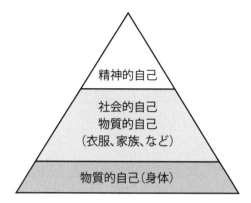

図2-1　ジェームズの客体としての自己(Me)の構造

　「知る主体としての自己(I)」を認識することは、それ自体困難な作業となる
だろう。ジェームズが考える意識は、絶え間なく姿を変えるからである。私た
ちが、「昨日の自分」と「今日この場にいる自分」は同じ自分であると理解す
るのは、その瞬間瞬間の自分が、同じ過去（たとえば昨日の自分）を同じよう
に意識しているためであり、それがその人に統合性や同一性をもたせる経験
の伝達手段となって、自己というまとまりがもたらされるのだ。

　余談であるが、ジェームズがよどみなく流れるような文体で書き上げた『心
理学の原理』は、一般読者から絶賛されるほど好評を博した。しかし、ヴント
を始めとする心理学研究者たちからは、ひどく読み物的で科学の文献ではな
いと批判された。ちなみにヴントは「これは文学だ。美しい。しかし心理学で
はない。」と皮肉たっぷりに批判したとされる。

（2）クーリーの自己理論

　ジェームズと同じように、クーリーも"I"や"Me"などの一人称単数代名詞
を用いて自己理論を展開した。その特徴は、社会との関係のなかで自己につ
いて考え、自己を理解することを重視した点にあるだろう。クーリーの自己
論は「鏡に映った自己」としてよく知られる。これは、特定の他者が自分につ
いて抱いていると想像する自己像を指し、他人の目に映る自分の姿の想像、
他者の目に映る自分の姿について他者がどう思うのかについての想像、そし

て"I"による名誉、誇り、恥などの自己感情の 3 つを含む概念である。つまり、人間は他人を鏡として初めて自分について知り、"I"によって自己を感情として経験する。もしあなたが、友人から「悩みがなさそう」と言われた場合、他人の目に映る自分はいつも明るく能天気なイメージであると推測されるだろう。そして、自分はいつも明るくて、あまりくよくよと思い悩んだりしない人間だ、という自己像を形成するかもしれない。

（3）ミードの自己理論

　ミードは、「他の個人たちとの関係形成の結果として、ある個人の中に発達するもの」と自己を捉えていたようだ。社会との関係のなかで自己理論を展開したという点では、クーリーと似ている。ミードは、客体としての自己である "Me"を、社会が考える自分の役割や期待、態度として捉えていた。一方、人間の個性や独自性、創造性、主体性などを示すのが、主我としての自己である "I"と考えていた。ジェームズが主我を捉えにくいものと考えていたのと同様に、ミードも主我は多かれ少なかれ不確かで流動的なものと捉えていた。そして、最終的には、ある共同体における一般的な他者の態度を "Me"に内在化させることで、私たちは共同体の構成員となり、社会秩序を保つことが可能となると主張している。

2.2　自己意識の目覚め

（1）自己の出現

　人間は他の動物と違って、生まれてすぐに自分の力で捕食したり、立ち歩くことはできない。生理的な欲求を養育者に満たしてもらいながら成長する。ワロン(1983)によると、1 歳前後までは、養育者との関係性そのものが自分であるような主観的な癒合の時期であり、養育者との自他の境界は曖昧であるようだ。しかし、大倉(2013)が質的研究法を用いて、生まれたばかりの自分の子どもとのやり取りを分析したなかに、自己と他者との関係性の目覚めを垣間見ることができる。大倉(2013)の研究のなかから、いくつかエピソードを紹介しよう。

「・生後6日（目が合ったという記述が初めて出てきた日）

赤ちゃんを『Aちゃん』（4日間頭を悩ませて決めた名前）と言って抱き
あげたとき、こちらに視線をしっかりと向けてくる。まだ、普通のまなざ
し合いというよりは、わずかに焦点が遠くの方を見ている感じ（目を見
ながらも私の顔全体に注意を向けているような感じ）なのだが、こんな
にしっかりと私の目に焦点を合わせてきたのは初めて。微妙に焦点の合
わない、新生児にしてはとても大きなつぶらな瞳に吸い込まれるような
感覚に陥る。真っ黒に透き通った目の玉の、涼しさに浸されていく。（中
略）

・生後9日

赤ちゃんがちょっと顔をしかめてまぶしそうにしていたので、電気を1
つ落とし、薄暗い中で向き合う。20センチくらいの距離に顔を近づける
と、しばらくの間目が合って、それからそらした。長男のときと一緒で、
向き合おうとすると流し目になって目をそらすことも多いが、これも私
の『まなざし』を感じているからだろう。（中略）

・生後12日

対面してみると、大きな瞳をさらに大きく見開いてじっとこっちを見て
くる。見開き方がとてもパッチリなので、何かに驚いているような表情
にすら見える。まるで、こちらの存在にいまついに気づいたと言わんば
かりだ。本当にそうなのかもしれない。これまでは見てくる視線の力を
薄々感じてはいたのかもしれないが、1人の主体としてこちらの存在を感
じてまではいなかったのではないか。見てくる視線の向こう側に見てい
る他者がいるという感覚。それがいま、赤ちゃんに初めて生じているの
ではないかと思わせる表情なのだ。（略）」（大倉，2013）

　新生児の視力は0.01ほどであることを考えると、その養育者が新生児と目
が合ったと思うのは「親バカ」のためであると思えるかもしれない。だが、最
近の研究では、生後数日の新生児でも、「自分を見ている目」と「よそを見て
いる目」を弁別し、明らかに「自分を見ている目」を好むことが報告されてい
る(Farroni, *et al.*, 2002)。赤ちゃんは、大人と同じようには「自己」を意識し

ていないだろうが、よく見えないながらも他人の視線やその存在には生後間もなくから気づいており、視線を通じた他者とのコミュニケーションを開始していることがわかる。

　1歳を過ぎると、自分の足で立って歩き始め、世界がぐんと広がる。2歳前後には、言葉を使った意思疎通を始める。食事に関しても未熟ながらも自分の手を使って食べることが可能となる。ちょうどこのころ、俗にイヤイヤ期とよばれる第一次反抗期に突入する。自分の力でやり遂げたかったのにも関わらず、周囲の大人が手を貸したことに激怒して泣きながら抗議し、大人が手を焼く様子を見ることがある。これは子どもが「自分でやりたい」という自分の気持ちに気づき、自己を主張するようになるためであろう。つまりこの時期、未熟ながらも主我としての自己が芽生えたと考えられるだろう。

（2）見られる自己の目覚め

　ちょうど同じ頃に、他人から見られる自分、つまり観察対象としての自己の存在にも気づき始める。これを確認するためによく行われるのが、鏡映像による実験である。梶田(1988)によると、鏡映像の実験課題は複数あるが(表2-1)、これらを用いた実験からわかったことは、乳幼児を対象とした鏡に対する反応は、次の3段階を経て発達するということである(Amsterdam, 1972)。

　①「他者への反応」の段階（約6〜11カ月齢）
　まだ、鏡の中に映る像が自分であることに気づいていない段階。この段階では、赤ちゃんは鏡映像に向かって笑いかけたり、声をあげたり、鏡にほおずりする反応がみられる。

　②「鏡映像の探索」の段階（約9〜14カ月齢）
　鏡映像をしきりに観察し、何かあるのではないかと鏡の後ろをしきりに探索する行動を見せる段階。鏡に向かって手を振るなど、像の中の動きを積極的に観察する様子が見られる。なお、この時期の後には、鏡映像を回避しようとする時期が続く。鏡映像に対して尻込みしたり、泣き出したりする。

③「自己認識」の段階（約 18〜24 カ月齢）

鏡映像が自分の像であることを理解しており、鏡に映る自己像を見て恥ずかしがったり、おどけた顔を映してみたり、鏡を見ながら自分の身体を触るなどの行動がみられる段階。この段階では、鏡に映る自分やそれ以外の人物の名前を言うことができる。写真も同様であり、写真に写っているのが誰であるのかを説明することができるようになる。

表2-1　鏡映像の実験課題の例　（梶田, 1988 より作成）

	課題名	課題内容
1	触覚的探索	幼児の前に鏡を置き、鏡に映った像を触ろうとするかどうか調べる
2	帽子課題	帽子をかぶせた幼児自身の姿を鏡で見せ、鏡を見て実物の帽子を触ろうとするかどうか調べる
3	おもちゃ課題	鏡に映った幼児の背後で、おもちゃを上から下にさげていき、幼児がおもちゃを振り向いて取ろうとするかどうかを調べる
4	くちべに課題	幼児に気づかれないように幼児の鼻に口紅を塗っておく。幼児が鏡を見て口紅が塗られた場所を触るかどうかを調べる
5	名前課題	鏡に映った幼児の姿を見せて、「これは誰?」と尋ね、自分の名前を答えるかどうか調べる
6	「自分はどこ」課題	鏡に映った自分の姿を見せて、「○○ちゃんはどこ?」と尋ね、幼児が鏡の中の自分を指さすかどうか調べる
7	「あの人はどこ」課題	鏡に映った他の人物を見せて、「○○さんはどこ?」と尋ね、幼児が鏡の中の人物を指さすかどうか調べる

　鏡映像の実験から、私たちは大体 2 歳前後に、他人とは違う"自分"の存在に気づき始めるようだ。ちょうど主我としての自己が芽生えるのと同じ時期に、客我、つまり、自分が他者の目にどう映るのかということについても意識し始めるのは大変興味深い。

（3）自己の形成

　では自己はどのようにして形成され、発達していくのだろうか。これまでの研究では、各発達段階における重要な他者によるフィードバックが、自己

の形成において重要な役割を担っていることが報告されている。小学生時代の担任の先生に「お前はやればできる」と言われ、その後、自分にはやればできるだけの能力があると思うようになったなどの場合はこの例であろう。

　クーリーやミードの理論がまさにこれらの研究の基礎となり、他者がもつ自分に対するイメージが、自己形成に深く関与することが明らかにされている。一般的に、他者のなかでも幼少時の自己形成に大きな影響を与えるのは両親であり、成長にともなって重要他者が教師などの両親以外の大人や、友人へと変化すると考えられている。しかし、実際に青年期の若者を対象に、重要他者について調べた研究では、10 代後半の子どもにおいても、仲間よりも両親の影響は依然として大きいことが報告されている(Davies & Kandel, 1981)。両親からの独立心が芽生える 10 代の前半（小学 4 年生から中学 2 年生まで）の男女を対象に、重要他者についての調査を行った高石(1992)の研究でも、両親のもつ自分のイメージと自分のもつ自己イメージのズレが小さいことが報告されている。つまり、ある程度大きくなった子どもでも、両親の自分に対するイメージを自己イメージとして取り込んでいるのだ。

2.3　理想自己と現実自己

　ところで、私たちは誰もが、こうなりたいという理想の自己イメージをもっているのではないだろうか。「もっと勉強ができるようになりたい」「もっと人前で明るく振る舞えるようになりたい」「もっとスタイルがよくなりたい」など、自分の能力や行動、容姿や体型など自分にとって望ましいと考えられる自己を理想自己とよぶ。ロジャーズ(1959)によれば、理想自己とは「個人が非常にそうありたいと望んでおり、それにもっとも高い価値をおいている自己概念」である。

　一方、現実自己とは、現実場面での自分を指す。もちろん、理想自己に比べて劣っており、見栄えが悪く、未熟な自己である場合が多い。私たちにとって、現実の劣っている（ように思える）自己をそのまま受け入れるのは難しいことが多い。友達と一緒にテスト勉強をしたのに、テストの点数は友達の方がはるかに高かったときに、「自分は友達よりも能力が劣っているのだ」と現

実を捉えるよりも、「今回はたまたま調子が悪くて実力を発揮できなかっただけだ。実際の自分はもっとできるのだ」と捉えた方が落ち込んでつらい気持ちにならなくて済むだろう。だからこそ、現実自己を正確にとらえるのは困難なことに思える。

　もし、現実自己と理想自己が一致すれば落ち込む必要もないが、そのような人は多くはない。理想自己と現実自己の間に乖離がある人の方が多いだろう。現実自己と理想自己の乖離は、さまざまな問題を引き起こしやすい。ロジャーズ(1957)は、現実自己と理想自己との隔たりが大きい人は、不適応状態に陥りやすいことを指摘している。「自分は勉強もよくでき、イケメンで運動もできる」はずなのに、実際には、テストを受ければ不合格になり、しかも運動もイマイチということになれば、もちろん自分自身に不満をもったり、自己嫌悪に陥るだろう。そのため、理想自己に現実自己を近づけるために、理想自己を目指して努力する、あるいは未熟な自分を受け入れることによって、両者の統合を目指すことが必要になるのだ。

　両者の統合を目指すべく、私たちは普段から理想自己に少しでも近づくように行動しているが、ここで理想自己と理想自己への志向性（理想自己の実現に対する意欲や行動）について調べた研究を紹介しよう。山田(2004)は、大学生の理想自己と理想自己への志向性を調べ、それらを 8 つのタイプに分類している(表 2-2)。

　このうち、適応的自己形成タイプは、理想自己を実現しようとする意欲が高く、すでに実現のための行動を起こしているようなもっとも適応的とされるタイプである。このタイプに属する人は、「意味ある人生を送りたい」といった理由で理想自己を選択することが多いようだ。理想自己を実現させることを生きがいとし、実際にそれを具体的行動に移している人である。一方、不適応的非自己形成タイプは、理想自己を実現しようとする意欲は低く、また行動に移すこともないタイプである。このタイプの人には、「もっと対人関係をよくしたいから」「いまの自分にないものだから」などの単純な理由で理想自己を選択する傾向が見られた。理想自己の選択が単純であり、しかも、それを具体的に実現していく意欲や手段をもっておらず、理想自己が単なる憧れとなっているタイプと考えられる。あなたは一体どのタイプだろうか。

表2-2 大学生の理想自己と理想自己への志向性タイプ一覧 （山田, 2004）

	タイプ	特　徴
1	適応的自己形成	適応感高く、自己実現への意欲をもち行動を起こしている
2	不適応的自己形成	適応感低いが、自己実現への意欲をもち行動を起こしている
3	適応的意欲型自己形成	適応感高く、自己実現への意欲をもつが、行動を起こしていない
4	不適応的意欲型自己形成	適応感低いが、自己実現への意欲をもつ。ただし行動を起こしていない
5	適応的行為型自己形成	適応感高く、自己実現に向けて行動は起こしているが、意欲はもっていない
6	不適応的行為型自己形成	適応感低いが、自己実現に向けて行動は起こしている。ただし、意欲はもっていない
7	適応的非自己形成	適応感は高いが、自己実現への意欲が低く、行動を起こしていない
8	不適応的非自己形成	適応感は低く、自己実現への意欲が低く、行動を起こしていない

2.4 自我同一性とは

（1）自我同一性とは

　自我同一性とは、エリクソン(1959)によって用いられた用語であるが、「自己」という意味に加えて、人間が社会的適応のために行う「自我の総合機能」という点や、社会における「他者との連携」という内容も用語の中に含まれている。自分が属する社会に適応するために行うさまざまな機能の総体を指すと考えられる。

　私たちは、自分の周囲に存在する人物に自分を「同一化」させながら成長する。たとえば、憧れの近所のお兄さんと同じように野球を始める、大好きなアイドルと同じような恰好をするなど、憧れの他者に成り切った振る舞いをする。これらの同一化の対象となる人物は成長の時期によって異なり、複数人がその対象となることになる。同一化を繰り返しながら成長するなかで、複数の同一化が統合され、まとまりをもったものとなる。その中核が自我同一

性とよばれる。

　青年期は、この自我同一性をまとめて確固とした「自己」を形成することを発達課題としている。この時期、急激な身体的変化や性器的成熟を経験し、それまでに作り上げた自己像を解体し、新しい自己を形成する必要に迫られる。しかしその過程は、未熟な自己と対峙しなければならないような苦しいものとなる。自我同一性を達成することができない場合には、心理的危機に陥ることになる。自我同一性が未達成である者は、他者との関係のなかで、親しくしたい相手と適切な距離を保ったり、それ以外の他者との関係を拒否したりすることがうまくできず緊張を感じるため、誰かと親しくなるような状況を避け、孤立してしまう。青年期以降は、特定の人物と特に密接な対人関係を結んでいく必要があるが、その際に自我同一性が必要不可欠となるのだ。

（2）自我同一性の地位

　マーシャ(1966)は、エリクソンの研究に基づき、自我同一性危機に対する解決の仕方に注目して自我同一性の地位を分類した(表 2-3)。

表 2-3　マーシャの自我同一性の地位

	危 機	危機への関与
自我同一性達成	これまでに危機を経験している	積極的に関与している
モラトリアム	現在、危機を経験している	将来、積極的に関与するつもりである
早期完了	現在、危機を経験していないか、低水準の危機しか経験していない	積極的に関与している
自我同一性拡散	現在または過去に、危機を経験していない、あるいは経験している	積極的に関与しておらず、将来も積極的に関与するつもりがない

　自我同一性達成は、直面した危機と真剣に取り組み、ある一定の職業や価値観を主体的に選び取り、積極的に関与して危機を乗り越えるという体験をしているため、心理的に安定している。

　モラトリアムとは、社会的責任を猶予されたなかで、さまざまな経験を重ねながら自我同一性を獲得するための準備をしている最中のことである。

　早期完了とは、「自分は何者か」という可能性探求の試みを早々と打ち切ってしまうために、危機を体験することなく、親や社会的常識などが認めるものにそのまま関与することを指す。

　自我同一性拡散とは、危機の存在に関わらず、関与する対象をもたない。このような、自我同一性達成、モラトリアム、早期完了、自我同一性拡散は、「危機」と「危機への関与」の組み合わせによって判断される。

　それぞれの危機への関与では、過去に高度な危機を経験しており、そのうえで現在高い水準の関与を行っているのが、自我同一性達成である。

　危機は経験しているが、現在はまだ関与しておらず、将来的に積極的に関与することを求めているのがモラトリアムである。

　早期完了は、過去にまったく危機を経験していないか、経験していても低い水準の危機しか経験しないままに、積極的に関与している状態である。

　自我同一性拡散は、現在、低い水準の関与しか行っておらず、これからも関与するつもりがない状態である。

　そして、一度、自我同一性達成の地位に至ったとしても、発達の段階や、周囲の状況などによって何度も危機が訪れ、そのつど、危機に積極的に関与するのかどうかが問われる。つまり、このサイクルは一生続くのである。「自分探し」という言葉は若者だけのものではなく、30代では30代の自分を、60代では60代の自分を探すように、私たちは自分の発達に合わせて、新しい自我同一性を模索し、作り直すという作業を何度となく繰り返すのだ。

　ところで皆さんはいま、どの地位にいるのだろうか?「危機」と「関与」の組み合わせを基に加藤(1983)は自我同一性の地位判定尺度を作成している(表2-4、図2-2)。ぜひ、自我同一性の地位判定尺度を実施して、自分の地位を確認してみてほしい。

表2-4　自我同一性の地位判定尺度　（加藤, 1983）

1	私は今、自分の目標を成し遂げるために努力している
2	私には、特に打ち込むものはない *
3	私は、自分がどんな人間で、何を望み、行おうとしているのかを知っている
4	私は、「こんなことがしたい」という確かなイメージをもっていない *
5	私はこれまで、自分について自主的に重大な決断をしたことはない *
6	私は、自分がどんな人間なのか、何をしたいのかということは、かつて真剣に迷い考えたことがある
7	私は、親や周りの人の期待に沿った生き方をすることに疑問を感じたことはない *
8	私は以前、自分のそれまでの生き方に自信がもてなくなったことがある
9	私は、一生懸命に打ち込めるものを積極的に探し求めている
10	私は、環境に応じて、何をすることになっても特にかまわない *
11	私は、自分がどういう人間であり、何をしようとしているのかを、今いくつかの可能な選択を比べながら真剣に考えている
12	私には、自分がこの人生で何か意味あることができるとは思えない *

各項目に対して、「まったくそのとおりだ」（6点）〜「全然そうではない」（1点）で回答。
ただし、* は逆転項目。
1~4 : 現在のコミットメント、5~8 : 過去の危機、9~12 : 将来のコミットメントの希求。

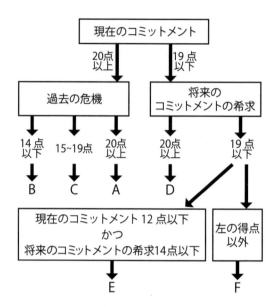

図2−2　自我同一性の地位判定（加藤, 1983）

	タイプ	特　徴
A	同一性達成	過去に高水準の危機を体験したうえで、現在、積極的に取り組んでいる
B	早期完了	過去に高水準の危機を経験せず、現在、積極的に取り組んでいる
C	AとBの中間タイプ	過去に中程度の危機を経験したうえで、現在、積極的に取り組んでいる
D	モラトリアム	現在、積極的に取り組んでいないが、将来の取り組みを求めている
E	同一性拡散	現在、積極的に取り組んでおらず、将来的にも取り組もうと考えていない
F	DとEの中間タイプ	現在の取り組みの程度が中程度である

第3章

異常と正常

「悩みがあって、ここ1週間あまり寝ていない」「試験が目前に迫っているのに、焦って集中できない」こんな経験はないだろうか。誰もが日常を送るなかで、ささいな心身の不調を経験することがある。

では、事例1（表3-1）を見てほしい。

表3-1　異常体験の事例

> 　誰にも話したことはありませんでしたが、私には人のこころが手に取るようにわかるのです。道ですれ違った人が、「バカな人」のように、私のことを悪く言っているのもすぐにわかります。なぜなら、相手の心の声が私の心に直接聞こえてくるのです。これはとてもつらいことです。人とすれ違うのが怖くなり、私は家から出られなくなりました。
>
> 　最近では、これがもっとひどくなっています。相手と直接すれ違わなくても、相手の車のナンバープレートを通して、相手がメッセージを送ってくるようになったのです。ナンバープレートにある隠された意味が伝わってくるのです。

「他人の心の中を読むことができる」「車のナンバープレートからも何らかのメッセージが伝わってくる」という体験はどうだろうか。ほとんどの人はめったに体験しないような異常な体験のように思える。「悩みがあって眠れな

い」体験は普通の体験で、「他人の心の中を読むことができる」体験は異常な体験と考えてよいのだろうか。

　本章では、正常と異常の境界について考えてみよう。

3.1　正常と異常の境界

　「正常と異常の境界はどこにあるのか」という問いに対して明確に回答できる人はいないかもしれない。そもそも、正常と異常との境界を明確にするためには、それぞれを明確に定義する必要があるだろう。正常とは何か、異常とは何かという明確な定義があって初めて、その境界が明らかになる。その基準に照らして、範囲内であれば正常であり、基準からはずれている場合には異常とされる。しかも、基準は 1 つではなく多元的である。下山(2009)は、心理的異常に関する以下の 4 つの基準について記している。

（1）基準
① 適応的基準

　適応的基準とは、その人が所属している社会に適応しているかどうかを基準とする考えである。社会に適応している場合は正常であり、社会生活を円滑に送ることができなくなった場合は異常とされる。

　たとえば、学生の皆さんであれば、授業がある日に授業に間に合うように学校に行くことができる場合は適応状態にあると言えるが、試験があるのにも関わらず、どうしても間に合う時間に起きることができず、学校を休んでしまうような場合は不適応状態と考えられるだろう。

　ただし、この場合の社会への適応については、本人が適応していると思っていても、他者の立場から不適応状態にあると判断され、当事者と関係者の判断が異なることもある。自分では他の人より少しだけ朝起きるのが苦手なだけだと思っているが、周囲から見れば、将来がかかっているような大事な試験当日に朝起きられないという理由で欠席するのは、不適応状態にあると思える。このように当事者の判断と周囲の判断がずれることもある。

② 価値的基準

価値的基準とは、ある個人あるいは社会において認められている特定の価値をもつもの、特定の理念（理想）に合致するものを正常とする考え方である。

「優れている」「役に立つ」など道徳観や社会通念などの理念体系に基づく規範があり、その規範の許容範囲で行動している状態を正常とし、規範から逸脱している場合は異常とみなす考え方である。

たとえば、人の役に立つ場合は正常であり、人の役に立つどころか、何もせず、かえって人に迷惑をかけている場合を異常とみなす、などがあげられる。

③ 統計的基準

集団において、平均に近い標準的状態にあるものを正常とし、平均からはずれている度合いが強い状態を異常とする考え方である。

たとえば、身長の分布を考えてほしい。当然平均に近い身長の人は多くなる。このように標準的身長に近い場合は正常とされる。一方、平均から離れれば離れるほど、人数は減る。極端に身長が低い場合には、低身長となり異常とされるし、極端に身長が高い場合もまた、異常とされる。

④ 病理的基準

病理学に基づく医学的判断により、健康と判断された場合が正常であり、疾病と診断された場合を異常とする。ここでは「落ち込む」という例で考えてみたい。

落ち込むこと自体は、必ずしも疾病ではない。ちょっとした落ち込みは、日常生活のなかではよく見られる。テストが返却されたときに思ったよりも点数が低かった場合、多くの人は落ち込むだろう。ただし、この落ち込みが表3-2の基準を満たした場合は、これは単なる落ち込みではなく、うつ病という診断となる。落ち込みだけであれば正常だろうが、同じ落ち込みがあっても、その程度や落ち込みの持続期間によっては、うつ病と診断され、異常ということになるかもしれない。

これまで述べてきた4つの基準は、絶対的なものではなく、場所や時、文

化が変われば変化する可能性のある、不確かなものであることを認識しておくことが大切である。

　例えば、適応的基準で言うと、属する社会によって基準が異なることはよくあることだ。日本では、学校に遅刻や欠席をしないで毎日通うのが当然であるかもしれないが、世界中を探せば、そうでない国や社会も存在する。

表 3-2　DSM-5 におけるうつ病の診断基準の一部　(APA, 2013)

> 　以下の症状のうち、5つ（またはそれ以上）が同じ2週間の間に存在し、病前の機能からの変化を起こしている。これらの症状のうち、少なくとも1つは(1)抑うつ気分、または(2)興味または喜びの喪失である。
>
> (1) その人自身の言葉（例：悲しみ、空虚感、または絶望を感じる）か、他者の観察（例：涙を流しているように見える）によって示される、ほとんど1日中、ほとんど毎日の抑うつ気分
>
> (2) ほとんど1日中、ほとんど毎日のすべて、またはほとんどすべての活動における興味または喜びの著しい減退
>
> (3) 食事療法をしていないのに、有意の体重減少、または体重増加、またはほとんど毎日食欲の減退または増加
>
> (4) ほとんど毎日の不眠または仮眠
>
> (5) ほとんど毎日の神経運動焦燥または制止
>
> (6) ほとんど毎日の疲労感、または気力の減退
>
> (7) ほとんど毎日の無価値観、または過剰であるか不適切な罪責感
>
> (8) 思考力や集中力の減退、または決断困難がほとんど毎日認められる
>
> (9) 死についての反復思考

　価値的基準ももちろん、文化の影響を受けやすい。欧米社会では、相手に対してはっきり自己主張できることが優れた人の基準になるが、日本でははっきり自己主張することは、状況によっては周囲からわがままと捉えられてしまうことがある。

　統計的基準もまた、その時代に生きている人、その統計の基準となった母集団の特徴によって変化する。文部科学省が実施している学校保健統計調査

によれば、平成 30 年度の調査では、17 歳（高校 3 年生）男子の平均身長は
170.6cm である。その親世代（昭和 62 年度調査）の 17 歳男子の平均身長は、
170.3 ㎝、祖父母世代（昭和 38 年度調査）の 17 歳男子の平均身長は 165.9cm
であった。よって、平成 30 年度に、17 歳で、背の高さがちょうど平均と同じ
170cm である学生は、親世代（30 年前）が 17 歳のころの集団の中では、ほぼ
平均ということになるが、祖父母世代（55 年前）の 17 歳の集団にいれば、背
が高いということになる。このように時代によって、その基準となる母集団
が変化すれば、統計的基準も変化する。

表 3－3　DSM-5 における自閉スペクトラム症/自閉症スペクトラム障害の診断基準の一部

(APA, 2013)

A. 複数の状況で社会的コミュニケーションおよび対人的相互反応における持続的な欠陥があり、現時点または病歴によって、以下により明らかになる

(1) 相互の対人的・情緒的関係の欠落

(2) 対人的相互反応で非言語的コミュニケーション行動を用いることの欠落

(3) 人間関係を発展させ、維持し、それを理解することの欠落

B. 行動、興味、または活動の限定された反復的な様式で、現在または病歴によって、以下の少なくとも2つにより明らかになる

(1) 情動的または反復的な身体の運動、物の使用、または会話

(2) 同一性への固執、習慣への頑なこだわり、または言語的、非言語的な儀式的行動様式

(3) 強度または対象において、異常なほど極めて限定され、執着する興味

(4) 感覚刺激に対する過敏さまたは鈍感さ、または環境の感覚的側面に対する並外れた興味

C. 症状は発達早期に存在していなければならない

D. その症状は、社会的、職業的、または他の重要な領域における現在の機能に臨床的に意味のある障害を引き起こしている

E. これらの障害は、知的能力障害または全般的発達遅延ではうまく説明されない

病理的基準についても同様である。時代とともに医学の研究が進み、これまでわからなかった病気が新たに発見されることも多くなった。時代に合わせて診断基準を見直すこともある。アメリカ精神医学会が発行している精神疾患のための診断・統計マニュアル（DSM: Diagnostic and Statistical Manual of Mental Health Disorders）は世界的によく使用される診断基準である。その第5版が、第4版から19年ぶりの2013年にアメリカ精神医学会より刊行された。DSM第4版では、広汎性発達障害の下位分類として、自閉症やアスペルガー障害が位置づけられていたが、第5版では、下位分類はなくなり、自閉症を連続体として理解しようとする立場に基づいて、自閉スペクトラム症という概念が導入された（表3-3）。このように、診断基準も固定的なものではなく、文化や研究の発展に合わせて変化すると考えられる。

（2）「病気」とは何か

一般的に言って、前述の①から④の基準から大きくはずれると、異常とみなされる。だが、異常であれば、それはただちに病気を意味するのだろうか。そもそも病気とはどのような状態を指すのだろうか。

① 疾病

本来の生理的機能が働かなくなり、その結果、生存に不利な状態になることを疾病（illness）とよぶ。「疾病」は「健康」の反対の概念である。

② 疾患

疾病よりもより厳密な概念であり、ある臓器に明らかな障害が確認され、それによって症状が出現していると説明できる場合、この状態を疾患（disease）とよぶ。特定の原因、病態生理、症状、経過、予後、病理組織所見、そして治療法がすべてそろった場合、疾患とよばれ、○○病のように診断名がつけられる。

③ 症候群

複数の特定症状で構成される状態を症候群（syndrome）とよぶ。症候群の場合は、疾患というほど明確に特定の原因などがわかっているわけではないが、

1つのまとまりとしてとらえることが研究・治療上有効な場合に、〇〇症候群と命名されることがある。

④ 障害

　個人的苦痛や機能の問題があり、臨床的に明らかな認知可能な一連の症状や行動が存在し、それらの背景にある臓器障害があまり明確ではない場合に障害（disorder）とよぶ。

　心の問題の場合、特定の病理組織所見を見つけることは難しく、心の問題は疾患という概念になじみにくい。そのため、「〇〇障害」という名前を用いて心の問題を扱うことが多いと言われる。

（3）事例性について

　事例性（caseness）とは、その人が日常生活のなかで困っていたり、問題となっていることがあるのかどうか、ということを意味する。たとえば、人と話すのが苦手な人を例にあげよう。学校の演習や実験などでクラスメイトと意思の疎通ができず、必要な情報のやり取りができないので実習や演習の単位を修得できずに大学生活に支障をきたしている場合には、事例性があると判断される。

　しかし、人と話すのが苦手だが、人と話さなければならないような授業を避けているため、人と話さなくても単位を取ることができる状態にあり、本人が困っていないのであれば、「人と話すことが苦手」は問題にならないかもしれない。事例性は、その人を取り巻く対人関係や環境、地域、時代、文化などによってもその度合いが変わる。

　これまで述べてきたとおり、異常性を判断するためには、基準に照らし合わせ、それらが病気であるのかという視点をもつことが重要であろう。それに加えて、事例性があるのかどうか、という視点も重要になる。さまざまな視点から総合的に正常か異常かを判断する必要があるのだ。基準からみて異常と判断される場合にも、慎重に考える必要がある。基準から大幅にはずれていると判断される言動があっても、本人がそのことを苦にしておらず、周囲

もその状態を受け入れているのであれば、異常とは認められない。

　一方で、基準の範囲内にあるものの、本人がその状態を苦にしており、生活のなかで問題が起きている場合には、異常とみなす必要がある。いずれにしても、正常と異常の判断はさまざまな要因を考慮して慎重に行われなければならない。

（4）正常と異常の連続性

　表 3-1 を見てほしい。事例にある妄想や幻覚は、統合失調症などの精神疾患においてみられる症状である。あなたにも妄想や幻覚はあるだろうか？このように問われればみな、自分は正常なので妄想や幻覚なんかあるはずはないと答えるだろう。でもそれは本当だろうか？

　1970 年代に盛んに行われた知覚遮断実験では、視覚、聴覚、触覚といった感覚刺激などを制限した部屋で被験者が数日間過ごした結果、3 日も経過すると白昼夢のような空想や幻覚が生じ、身体的な違和感を訴えるようになることが報告されている。同じような極限状態で生じる幻覚が冬山の遭難者に見られたという報告もある(荻野, 1968)。山で遭難した 4 名の学生のうち 3 名に、死体、棺桶、お菓子の小屋、リフトなどさまざまな幻覚が生じたと言われる。これらの幻覚の内容は、死への恐怖や食べたい、助かりたいという欲求と関連していると考えられる。

　また、妄想にいたっては、極限状態でなくとも、実際には多くの人が妄想と類似した思考（妄想様思考）をもっているという報告がある。ピーターズら(1999)は、一般の人の妄想様思考を測定するための尺度を開発している。これらの尺度を、一般の成人、キリスト教信者、新興宗教信者、妄想患者に実施したところ、新興宗教信者は、妄想患者と同程度に妄想様思考をもちやすいことが報告されている。つまり、妄想と類似した思考は、一般に考えられているよりも、ずっと出現頻度が高いのだ。他にも、一般の健常者に面接調査を行った研究では、約 4～8％の人が、被害的な内容や特別な力をもっているという妄想様思考をもつことが報告されている(Eaton ら, 1991)。

　では、健常者がもつ被害的な内容の妄想様思考と、精神疾患患者がもつ被害妄想とは果たして同じものなのだろうか、それともどこかに違いがあるのだろうか。その点を明らかにするために筆者は、大学生 39 名と妄想をもつ精神疾患患者 7 名の合計 46 名を対象に調査を行った。調査では、大学生に対しては、質問紙法にて被害的な内容の妄想様思考をもっているのかどうかを調べた。精神疾患患者に対しては、面接によって被害妄想に関する調査を行った。精神疾患患者はいずれも DSM-IV (American Psychiatric Association, 1994) において統合失調症と診断を受けており、平均して中等度（4 点：組織化されず変化しやすい不安定な妄想か、2〜3 の確固とした妄想があり、ときに思考・社会関係・行動を妨げる）からやや重度（多くの確固とした妄想があり、ときに思考や行動を阻害する）の妄想をもっていた。

　健常大学生の被害的な内容の妄想様思考と精神疾患患者の被害妄想とを、頻度（どれくらいの頻度でそれらが存在するのか）、確信度（どれくらい、その内容を事実だと確信しているのか）、苦痛度（それらを思い浮かべると、どれくらい苦痛か）、抵抗感（それらを思い浮かべるのにどれくらい抵抗を感じるか）の 4 つの次元において、比較検討した。その結果、頻度と確信度と苦痛度において群間に有意な差が認められ、被害妄想の方が被害的な内容の妄想様思考よりも得点が高いことがわかった（図 3-1）。一方、抵抗感では両群間に差は見られなかった。この研究から、被害的な内容の妄想様思考と被害妄想との差異は、頻度や確信度そして苦痛度において明確となることが示唆された。

　これらの研究からわかることは、健常者がもつ妄想様思考と精神疾患患者がもつ被害妄想とは、ある次元では類似しており、ある次元では明確な違いが見られるということだ。つまり、健常者のもつ妄想様思考は正常であり、精神疾患患者がもつ被害妄想は異常だと両者を区別しようとしても、正常と異常との間に明確な境界を見出すことは案外難しいものなのである。

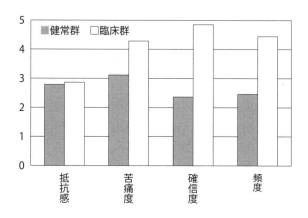

図3-1　被害妄想と被害妄想様思考との特徴の比較

　次に図 3-2 を見てほしい。これは、都市部と農村部の 4 校の中学校の生徒を対象に実施した、GHQ30（General Health Questionnaire 30）の得点分布である（大矢ら, 2014）。GHQ30 というのは、神経症患者の症状を把握するため、そしてその症状を評価、あるいは神経症の発見のために開発された質問紙検査である。最低点は 0 点であり、最高点は 30 点である。高得点になればなるほど、神経症傾向が強いと判定される。図 3-2 の GHQ の得点分布を見てみると、その得点は 0 点から 25 点あたりまで分布していることがわかる。ちなみに、この調査での GHQ30 の平均得点は 5.49（標準偏差 5.10）と報告されている。

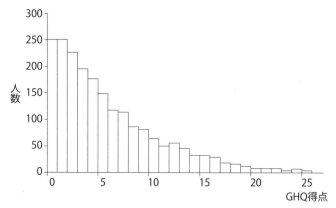

図3-2　中学生の GHQ30 の得点分布　（大矢ら, 2014 より引用）

　GHQ のマニュアルによると、GHQ30 の判定区分は 6 点と 7 点の間である。7 点以上の場合には、より神経症傾向が強いと判定され、1 点以下の場合はその傾向が低いと判定される。神経症患者の 92％は得点が 7 点以上となり、健常者の 85％は得点が 6 点以下となることがマニュアルに記載されている。

　結果をマニュアルと照らし合わせて考えてみると、調査対象の中学生の多くは、神経症と判断されてもいいくらいのレベルにあったと考えられる。では、判定基準の 7 点を超えた中学生を、神経症を発症していると考えてもいいのだろうか。そうではないだろう。この例からわかるように、GHQ30 の得点分布は連続的であり、健常者でも神経症患者と同じくらいに得点が高い人もいれば、低い人もいる。神経症患者のなかでも、得点が高い人もいれば、健常者とほとんど変わりないくらいに低い人もいる。6 点以下だから正常で、7 点以上だから異常（神経症）というような二分的な判断を下すべきではない。

　以上に述べてきたように、正常と異常との明確な境界線は存在しない。正常あるいは異常とされるものをさまざまな視点（次元）から捉えてみると、一見、異常と思われるもののなかに、正常とさほど変わらない点が存在することがある。昔、筆者が関わった統合失調症のある患者さんは、病状が悪化し、ある国と宗教的に対立する他の国との間に戦争が勃発したという内容の妄想を発症したことがあった。ちょうどその当時、アメリカで同時多発テロ事件が起き、世界的に戦争が始まるかもしれないという不穏な空気が蔓延していたので、筆者には患者さんの妄想が非現実的で、突拍子もなく、理解不能であるとは到底思えなかったことを今でも覚えている。

　では、程度の問題なのか、というと、程度や頻度が強い（多い）から異常で、程度や頻度が弱い（少ない）から正常ともいい切れないことは先ほどの中学生の GHQ30 の得点分布からもわかるだろう。この場合には、どこでその程度や頻度に、正常と異常との線引きをするのかが難しいのだ。では私たちは一体、何をもって正常と判断し、何をもって異常と判断したらよいのだろうか。それは、前述のとおり、さまざまな基準を理解し、それぞれの基準ではどう判断されるのかについて総合的に見て、判断するしかないのだろうと筆者は考えている。では、あなたの場合はどうだろうか。あなたは、何をもって正常と

判断し、何をもって異常だと判断するのだろうか、ぜひ一度、自分のなかの基準について考えてみてほしい。

3.2 精神疾患とスティグマ

スティグマは、「烙印」や「汚名」「偏見」と訳されることが多い単語である。2013年には、日本においてアンチスティグマをテーマとした初めての国際会議が開催されるなど、精神疾患に対するスティグマを改善するため、さまざまな組織や団体によってアンチスティグマ活動が行われている。このような活動の広がりにも関わらず、スティグマは解消されるどころか広がっているという報告もあり(Angermeyer, *et.al.*, 2013)、アンチスティグマ活動を行っていくうえでは、さまざまな研究から得られた知見を応用して効果的な活動プランが必要になる(Sartoris, 2013)。

先行研究では、アンチスティグマ活動のなかでも特に、精神疾患患者自身やその家族が体験を語ることは、周囲のスティグマに効果があることが明らかにされている(高橋・中西, 2013)。精神疾患患者に対する知識が乏しい人の場合には、「自分＝健常者」「精神疾患患者＝異常者」のような短絡的な判断を下しやすいことが知られている。そしてこの判断こそが、「精神疾患患者は危険人物である」「精神疾患患者は社会復帰できない」といった精神疾患患者に対するスティグマにつながる。

精神疾患患者自身による一般聴衆への講演後に実施したアンケートでは、聴講者の約9割が「講演を聞いて、講演前にもっていた精神疾患・精神障がいのイメージが変わった」と回答していたことが報告されている(菅原, 2017)。講演前は「周囲から嫌われている人」「人生の嫌なことから逃げている人」「性格が悪い人」などネガティブなイメージであったが、講演後には「普段思っていたことと違う」「幸せと感じることは病気とは関係ない」「なぜ自分はいままで聞いてこなかったのか、社会でもっと聞くべき内容だ」などの変化がみられたようだ。その変化を促した要因として、「講演者の語る姿、言葉に迫力を感じた」「言葉1つひとつに重みを感じる」など、精神疾患を経験した人の語りとの「生きた関わり」により、精神疾患患者に対するそれまで抱いていた

ネガティブなイメージとは一致しない講演者の姿、語りを目にしたことが挙げられる。聴衆は、精神疾患患者の語りに、自分たちと何ら変わらない部分を見出し、それまで抱いていた正常と異常の境界線があいまいになったことで、精神疾患患者に対するスティグマが低減されたのかもしれない。

　この章では、正常と異常の境界線について学んだ。何をもって正常とし、何をもって異常と判断するのかという基準は複数あり、それらを単純に分けることはできないということが理解できたのではないだろうか。そしてもちろん、正常と異常を短絡的に判断することが、精神疾患をもつ人に対するスティグマに繋がりやすいことも忘れてはならない。スティグマの多くは、知識や相手と触れ合った経験の乏しさからきているのだ。病気を理解することだけにとらわれず、病気を抱えて生きているその人自身について知り、その人を理解しようとすることはさらに重要なことであることを私たちは忘れてはならない。

第**4**章

ストレス

　「最近、友達とうまくいかなくてストレスがたまっている」「明日の試験が
ストレスだ」などのように、「ストレス」はよく日常生活のなかで耳にする単
語である。2014 年に、安全衛生法の改正があり、職場でのストレスチェック
実施が義務化されたことは記憶に新しいだろう。その背景にあるのは、自殺
や過労死の問題である。ストレスは最悪、病気や死に至ることもあるため、私
たちは、自分のストレスをしっかり把握し、ストレスに対処することが重要
となる。

　ではストレスとは一体何を指すのだろうか？　本章では、私たちが日常生
活のなかで使っている「ストレス」について説明する。

4.1 ストレスとは

　ストレスという用語は、もともと工学の領域で使用されていた言葉である。
鋼の棒の両端から折り曲げるように力をかけると、棒は歪曲するが、力を緩
めるとすぐに反発して元の形に戻ろうとする。そして棒にどんどん圧力をか
け続けると、鋼の棒でさえ、いずれは折れてしまう。この鋼の棒にかかる圧力
のことを工学領域では、ストレスとよんでいる。試しに辞書で "stress" と引い
てみてほしい。「重圧、圧力」という意味があることがわかるだろう。

　これを生体に応用したのが、カナダの生理学者セリエである。彼はもとも
と女性ホルモンなどの性ホルモンの研究を行っていた。それらの影響を調べ
るために、ネズミの卵巣から抽出した液体をネズミに投与する実験をしてい

るときにあることに気づいた。投与したネズミの副腎皮質に肥大が認められ、胸腺、脾臓、リンパ節、その他全身のリンパ組織に委縮が見られたのだ。そして、胃や十二指腸の内壁には、出血や潰瘍が見られた。彼は最初、新しい性ホルモンを発見したと思い、喜んだ。しかし、残念ながらそれは勘違いであった。卵巣以外の、脳下垂体、腎臓、脾臓やそのほかの臓器から抽出した液体でも、同じような症状が現れることに気づき、絶望したそうだ。これらの様子は「現代生活とストレス」(1956)に詳細に記されている。

　セリエはその後、何度も動物実験を繰り返し、ネズミを有毒な物質で処置しても、寒冷状態に置いても、長時間の運動により疲労させても、同じような症状群が生じることを発見した。ネズミを過酷な環境に曝すと、刺激の種類に関係なく、同じ症状群が出現する。セリエは、過度の刺激によって、非特異的な症状群が生じることを見出したのだった。"ストレス"には、もともと1つの抵抗に対して作用する力という意味が含まれており、また、それがゴムによる力であっても、鉄鋼バネによる力であっても、非特異的にストレスとよぶ点が、まさにセリエの汎適応症候群と一致していた点から、"ストレス"という用語を使用するに至ったらしい。

　ところで、セリエが考えるストレスとは、人体に作用する正常な活動、疾病の原因、薬物その他の因子の総量を指しており、セリエはストレスを生むものをストレッサーとよんだ。つまり、ストレッサーとは、どんなときであれストレスを生じさせるものである。たとえば、寒冷、高温、多湿、振動、強光、強音、出血、疼痛、疲労、強制、労働、不眠、退屈、恐怖、不安がストレッサーに相当すると記している。

　過酷なストレッサーに曝されると、最初は何とかストレッサーに適応しようとして心身の機能は一時的に亢進し、一見、適応したかのような状態が続く。しかし、過酷な環境が長期にわたる場合には、体内のあらゆる器官の機能が変調し、鋼の棒が折れるのと同じように、やがては疾病状態に陥る。セリエが見出したこのプロセスは、汎適応症候群とよばれる。汎適応症候群は、警告反応期、抵抗期、疲はい期の3つの時期に分けられる(図4-1)。

　まず、警告反応期のショック相では、生体がストレッサーに遭遇したために、体温や血糖値が低下し、神経系の活動性が抑制される。リンパ球や筋緊張

も減少する。続く反ショック相では、生体が次第にショックから回復するために、体温や血糖値は上昇し、神経の活動は賦活され、筋緊張が増加する。そして、そのままストレッサーに曝され続けた場合には、抵抗期に移行する。抵抗期では、正常な抵抗力を超えて、ストレッサーに対する抵抗力を維持する時期である。抵抗期を超えてもなおストレッサーが続く場合には、疲はい期に移行する。生体がストレッサーに対してそれ以上の抵抗力を示すことができなくなり、警告反応期のショック相と同じような生体の反応が生じる。さらに、副腎皮質の肥大からくる血圧上昇、胃液分泌量の減少、胸腺・リンパ球の萎縮により免疫力が低下し、病気に罹患しやすくなるのである。

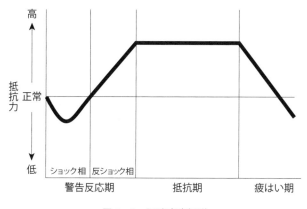

図 4-1　汎適応症候群

　セリエが汎適応症候群をストレスと名づけてから、ストレスに関連したさまざまな研究が行われるようになった。それらの研究から、当初セリエが考えていた以上に、多くのものがストレッサーになりうることが明らかになっている。次に、ストレッサーについて説明しよう。

4.2　ストレッサーとは

　ストレッサーとは、生体にストレス反応を生じさせる刺激を指す。さまざまな分類の仕方があるが、ここでは私たちが経験する頻度によって分類したものを紹介したい。

（1）日常的なストレッサー

　身近に見られるようなストレッサーを表 4-1 に示した。セリエが示した、寒冷、高音、多湿などは物理的ストレッサーと考えられる。ほかには、光化学スモッグのような化学的ストレッサーもある。睡眠不足や疲労といった生理学的ストレッサー、対人関係や仕事などは心理・社会的ストレッサーに分類されるだろう。「最近、恋人とうまくいかなくてストレスがたまっている」という場合は、対人関係のストレッサーに曝されていることを意味する。

表4-1　日常的なストレッサーの例

物理的ストレッサー	気温、湿度、騒音、振動など
化学的ストレッサー	光化学スモッグ、PM2.5など
生理学的ストレッサー	睡眠不足、疲労、困ぱいなど
心理・社会的ストレッサー	対人関係、学校や職場、経済的困窮など

（2）ライフイベント

　ストレッサーは、上記のような日常的に見られるもの以外にも存在する。ライフイベントはこの例だ。ライフイベントは、多い人でも人生のなかで数十回程度経験するかどうかという出来事のことであり、経験する頻度自体はさほど多くない。しかし、その影響は日常的なストレッサーに比べて大きいかもしれない。

　ホームズとレイ(1967)は、生活歴と健康や病気の過程との関連を明らかにする研究手法を取り入れ、社会再適応尺度調査票(表 4-2)を用いてライフイベントと疾患の発症との関連について調べている。アメリカ人を対象に行われた

調査において、合計 43 項目のライフイベントの影響度（ストレッサー強度）を調べたところ、もっとも影響度が高いのは、「配偶者の死」（100 点）であり、続いて「離婚」（73 点）であった。これらの影響度は、その得点が高ければ高いほど、疾患を発症しやすいことを意味する。

表 4−2　社会再適応尺度

	ライフイベントの内容	影響度		ライフイベントの内容	影響度
1	配偶者の死	100	23	子どもが家を離れる	29
2	離婚	73	24	親戚とのトラブル	29
3	別居	65	25	優れた業績を上げる	28
4	留置所拘留	63	26	妻の就職や離職	26
5	家族の死	63	27	就学・卒業	26
6	自分のけがや病気	53	28	生活条件の変化	25
7	結婚	50	29	習慣を改める	24
8	解雇・失業	47	30	上司とのトラブル	23
9	夫婦の和解・調停	45	31	労働条件の変化	20
10	退職	45	32	引っ越し	20
11	家族のけがや病気	44	33	転校	20
12	妊娠	40	34	レクリエーションの変化	19
13	性的障害	39	35	教会活動の変化	19
14	家族構成員の増加	39	36	社会活動の変化	18
15	仕事の再適応（合併、合理化、破産など）	39	37	1万ドル以下の借金	17
16	経済状態の変化	38	38	睡眠習慣の変化	16
17	親友の死	37	39	家族団らん回数の変化	15
18	転職や配置換え	36	40	食習慣の変化	15
19	配偶者との口論回数の変化	35	41	休暇	13
20	1万ドル以上の借金	31	42	クリスマス	12
21	担保や貸付金の損失	30	43	些細な違反行為	11
22	仕事上の責任の変化	29			

　人生のなかで経験する、卒業、結婚、引っ越しなどのさまざまなライフイベントによって変化した生活環境に私たちが馴染む（適応する）ことが困難なほど、疾患の発症の危険性が高まることが明らかにされているのだ。ところで皆さんは、晴れて大学生になったわけだが、実はこれもストレッサーの１つだということに気づいているだろうか。実家を離れて初めての一人暮らし、

新しい学校、仲の良い友人や家族との別れなどを振り返ってみると、思い当たるところはあるのではないだろうか。

　ライフイベントのなかで影響が大きいのは、「配偶者の死」や「離婚」のような、誰もがネガティブなイメージをもつようなものだけではない。興味深いことに、一見ストレスとは無関係に思えるような「結婚」や「妊娠」なども影響度が大きいのだ。影響度には、ライフイベントの内容がポジティブまたはネガティブといったことよりも、ライフイベントに伴う生活の変化の大きさが関係すると考えられる。つらい受験期間を乗り越えて晴れて大学生になった皆さんには、もう勉強に追われることもなく、明るい未来が待っているかのように思えるかもしれない。しかし、高校までとはまったく雰囲気の違う大学で、自分で勉強を進めていかなければならず、友人も一から作らなければならない。しかも、実家を離れて一人暮らしを始めたとなれば、かなりのストレッサーに曝されているはずだ。生活の変化という視点から捉えると、「進学」は喜ばしいライフイベントであるが、ストレッサーとは無関係なわけではない。

　そして、ライフイベントの影響度が小さくても安心はできない。1つひとつのライフイベントの影響度は小さくとも、それぞれの得点の合計が150点以上になると、病気を発症しやすくなることが報告されている。影響度が150点以上299点以下だと50%の疾患発症率であり、300点以上の場合にはその80%が近い将来発症するというのだ。後の研究では、ライフイベントの選定基準や点数化が不明瞭であり、そもそもライフイベントと発症との関連に影響するような要因やプロセスを無視しているといった批判も続出した。しかし、ホームズとレイの研究が、それまでの生物学的なストレス研究から、心理社会的なストレス研究への転機をもたらした重要な研究であることには違いないだろう。ライフイベントに関する研究からわかるのは、ライフイベントができるだけ重ならないようにすることがメンタルヘルスを健全に保つために必要かもしれないということだ。

（3）戦争、紛争や災害、事故
　これまで述べてきた、日常的なストレッサーやライフイベントは、誰もが

経験するようなストレッサーである。しかしストレッサーのなかには、戦争や紛争、災害や事故のように、すべての人が経験するわけではないが、たった一度でも経験すると、強い影響を受けるようなストレッサーも存在する。

近年、毎年のように大地震や想定外の自然災害による被害が世界中で報告されている。わが国においても、2011年の東日本大震災や2016年の熊本地震などは記憶に新しいが、強い揺れがたびたび人びとを襲う状況で、多くの人が地震に怯え、その先の生活に不安を抱えながら避難所生活を余儀なくされていた。このような自然災害というストレッサーによってもたらされる影響は、次の3つの段階を経て推移すると言われている(高塚, 2012)。

① 第一段階（過活動）

自然災害直後は、無事であったことに安堵するとともに、この状況を何とかしなければならないという思いに駆られる。そのため、救出活動、情報収集活動などに過剰に奔走することが多い。気分的にもある種の高揚感に見舞われるので、本人は気づきにくい。このような状態が数日続き、被災というストレッサーに加えて、過活動が加わり、心身ともに疲弊していく。

② 第二段階（急性ストレス期）

高揚感が去り、急速に気持ちが沈んでいく。被災した状況を振り返り、喪失感や恐怖心を感じたりしやすくなる。現状への不満と先行きの見通せない状況に怒りと不安が交錯し、情緒不安定になりやすい段階である。子どもは夜泣きが増えたり、失禁したりすることもある。大人は心身の不調を感じやすくなる。

③ 第三段階

大半の人は落ち着きを取り戻していくが、約10％程度、情緒不安定が続く人もいる。これが次第に重症化する場合には、心的外傷後ストレス障害 (PTSD) とよばれ、適切な治療が必要とされる状態となる。

実際、東日本大震災発生の2カ月から9カ月後までに、宮城県のストレス外来を受診した患者を調べた研究では、心的外傷後ストレス障害と診断された患者は、受診患者の約13％にも上ったことが報告されている(図4-2)。一般

的に、被災者の 30〜40％、消防・警察・自衛隊などの救援者の 10〜20％に心
的外傷後ストレス障害が見られると言われている(Neria, *et al.*, 2007)。そして、
心的外傷がひどく、生命の危機、財産の損失の程度や頻度が大きければ大き
いほど、心的外傷後ストレス障害の発症リスクが高まるのだ。戦争、紛争や災
害、そして事故は、人生のなかで遭遇する頻度は低いかもしれないが、一度で
も遭遇すると、その影響はとても大きいということがわかるだろう。

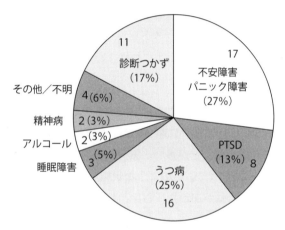

図 4-2　2011 年 5 月から 2011 年 12 月の間に、宮城県のストレス外来を受診した
　　　患者の診断（人）　（福士ら(2011)を一部改変）

　このように、私たちは日常生活、ライフイベント、そして災害や事故などの
ストレッサーに曝されながら生活をしている。すでに述べたとおり、影響度
の強いストレッサーに曝されることによって、疾患の発症の危険性が高まる。
このように考えると、ストレッサーを避けて生きていく方法はないものかと
考えてしまう。では、ストレッサーを避けて生きていくことはできるのだろ
うか。そしてその先には、幸せな生活が待っているのだろうか。
　まず、ライフイベントとしてのストレッサーを例に挙げて考えてみたい。
学生のみなさんに関係のあるのは表 4-2 の「就学・卒業」だろう。就学や卒業
がストレッサーであり、それを避けるのであれば、そもそも学校に通わない
ということになる。確かに、学校生活には大変なこともある。友達とうまくい
かない、勉強が大変など、誰もが「学校に行きたくないなぁ」と思ったことが

一度や二度はあるに違いない。しかし、さまざまな困難を乗り越えて学校生活を終えるときには、きっと達成感を味わうことができるだろう。実際、生活していくなかで、ストレッサーをすべて避けて生活することは難しい。セリエはストレスについて次のように述べている。

> 「そのゴールはたしかに、ストレスをさけることだけではない。ストレスは生命の一部である。われわれの全活動が自然に生じる副産物である。ストレスをさけることも、食物、作業、あるいは情愛をさけることも、ともに誤っている。しかし、自己を十分に表現するためには、まずその人に適したストレスの基準を見出さなければならない。」（Selye 1956, 杉ら訳 1974）

ストレッサーを受けることは、生きることそのものである。生きている限り、ストレッサーを受けることは当たり前であり、ストレッサーを避けることはできないのだ。だからこそ、自分が許容できる範囲のストレッサーやストレス状態の基準を見つけておくべきだと述べているのだ。セリエの遺した有名な言葉に、「ストレスは人生のスパイス」というものがある。スパイスをかけすぎた料理は味が濃すぎておいしくないが、スパイスがまったくかかっていない料理は味がしないのでこれまたおいしくない。適度なスパイスで味つけされた料理こそおいしいのだ。これと同様に、多すぎず、少なすぎず適度なストレッサーは私達の人生を豊かなものに感じさせてくれるはずだ。

4.3 ストレス反応（状態）とは

「恋人に振られた後、食欲がなくなり、いままで楽しめていた趣味も楽しいと思えなくなってしまった」という失恋話を聞くことがある。恋人に振られるというストレッサーに曝された後、「食欲がなくなる」「いままで楽しかったことが楽しく思えない」など、心身はさまざまな反応を示す。これらの一連の反応をストレス反応（あるいはストレス状態）とよぶ。

ストレス反応にはさまざまなものがあるが、大別すると、身体的反応、感情的反応、行動的反応に分類できる。身体的反応とは、身体に現れるストレス反

応であり、頭痛、腹痛、摂食の異常（過食、食欲不振）、睡眠の異常（不足、過多）などが含まれる。感情的反応には、つらい、悲しい、イライラする、焦る、不安などの気分や感情の反応が含まれる。行動的反応には、飲酒量の増加、喫煙量の増加、言動の変化などが含まれる。

　以上のようにさまざまな反応があるが、これらには個人差があり、ストレッサーに対してさまざまな種類のストレス反応を示す人もいれば、身体にのみ反応が生じるような人もいる。ストレス反応のあらわれ方は一人ひとりで異なるため、自分のストレス反応がどのようにあらわれるのかを把握しておくと、自分の心身の状態にいち早く気づくことができるだろう。

4.4 ストレス関連疾患

　私たちはストレッサーに満ちあふれている世界に暮らしているため、どうしても毎日のようにストレッサーに曝されることは前述のとおりである。もし、このままストレッサーに曝される毎日が続くとどうなるのだろうか？実は、ストレッサーに影響を受けて、発症あるいは増悪、慢性化する病気がある。これらは、ストレス病またはストレス関連疾患とよばれる(表 4-3)。

表4－3　ストレス関連疾患の例

循環器系	本態性高血圧、心筋梗塞、狭心症、不整脈、など
呼吸器系	過呼吸症候群、気管支喘息の発作、など
消化器系	消化性潰瘍、過敏性腸症候群、など
筋骨格系	筋緊張性頭痛、慢性疼痛、など

　さまざまな種類の病気がストレスと関連しており、大半の病気は心身症とよばれる病気である。心身症とは、「身体疾患のなかで、その発症や経過に心理社会的因子が密接に関与し、器質的ないし機能的障害の認められる病態（ただし、神経症やうつ病などの他の精神障害にともなう身体症状は除外する）」と定義される。ストレッサーに曝されることにより、心の病だけではなく、身

体疾患の発症や増悪の可能性が高まるのだ。

　ストレス関連疾患の発症に、特にストレスやストレッサーが関与している病気は次のとおりである。

① 循環器系

　高血圧や虚血性心疾患はストレス関連疾患として有名である。昔はよく、父親が不肖の息子に激怒すると、母親が「お父さん、そんなに怒ると血圧が上がりますよ」と言うシーンをテレビで見かけたものだが、ストレスは血圧の上昇や心拍数の増加をもたらすことが知られている。

　狭心症などの虚血性心疾患では、タイプ A とよばれるパーソナリティとの関連が指摘されている。タイプ A とは、猛烈サラリーマンタイプと言い表すことができる、野心的で競争心が強く、攻撃的で怒りの感情をつねに有しているパーソナリティである。また時間的な切迫感ももっている。タイプ A の人は、短時間で猛烈に仕事をこなそうとするので、周囲の人の目には仕事ができる人と映るかもしれない。しかし、周りを攻撃したり、周囲と対立することも多く、つねに時間に追われているので、ストレスを感じることも多いと想像がつくだろう。

② 呼吸器系

　呼吸器系のストレス関連疾患では、気管支喘息や過呼吸症候群などが有名である。平成 29 年に実施された厚生労働省による患者調査結果(2019)では、日本人の気管支喘息患者の総数は、約 112 万人と推定されている。

　喘息は、幼少時にすでに発症しているケースが多く、気管支喘息患者の経年的推移を調べた研究では、患者のうちの 80％が 6 歳までに発症していることが報告されており、罹患年数が長いのが特徴の疾患である。小児喘息患者とストレスとの関連を調べた研究では、両親のストレスや抑うつが、子どもの気管支喘息を悪化させる要因の 1 つであることが指摘されている。永野ら(2011)の研究では、患者が 7 歳未満の場合では、その母親がストレスを抱えているほど、その後 1 年間の子どもの喘息がより重症化することが明らかにされており、母親のストレスが言語的・非言語的に子どもへと伝わることで、喘息の経過に影響を与える可能性が指摘されている。また、成人の患者の場合

は、ライフイベントの変化や日常的なストレッサーが喘息の症状の発症や悪化に先行して見られることが知られている。

　過呼吸症候群では、呼吸困難や胸部圧迫感、胸痛、心悸亢進、浅い呼吸などの呼吸循環器系症状と、体のしびれや硬直感などの神経系症状、めまいのような意識水準の変化、腹痛、悪心などの消化器系症状などを呈する。このまま窒息して死ぬのではないか、意識を失うのではないかという恐怖に駆られることもあるようだ。通常、明らかに存在するストレス状況に反応して、呼吸が速く、荒くなり、そのまま進行した結果、過呼吸状態になるとされる。

③ 内分泌系

　ストレスやストレッサーと関連が指摘される内分泌系の疾患には、糖尿病があげられる。糖尿病は生活習慣病の代表とも言われる存在である。平成 29 年の厚生労働省の調査では、約 329 万人もの患者が推計されている。糖尿病になると、長期にわたって血糖コントロールが必要となるが、ストレスやストレッサーが血糖コントロールに影響を与えることが指摘されている。洲崎ら(2008)が行った調査では、血糖コントロール不良群は、血糖コントロール良好群に比べて、生活習慣、疲労度、生活適応などの数値が悪く、ストレスの程度が強いことが明らかにされている。このように、糖尿病の予後にストレスやストレッサーが大きく関わっていることがわかるだろう。

　これまで、ストレッサーやストレス、そしてストレスに関連する疾患について述べてきた。ストレッサーやストレスは身体疾患の増悪にも影響を与える要因であることが理解できたと思う。しかし、セリエが述べているように、私たちはストレッサーを避けて生きることはできない。ストレッサーがあるからこそ豊かな人生を送ることができるのもまた真実なのだ。では、どうすれば、ストレッサーに曝されつつも、健康で豊かな人生を送ることができるのだろうか。続く第 5 章では、そのヒントを考えてみたい。

第5章

ストレス・マネジメント

　第4章では、私たちが生きている限り、ストレッサーを完全に避けることは難しいことを学んだ。では、私たちはストレッサーに曝され続け、ストレス反応に苦しみながら生きていくしかないのだろうか。セリエは、適度なストレッサーは人生を豊かにすると述べている。本章では、なぜストレッサーによってストレス反応が生じるのかを学んだうえで、これらをコントロールし、豊かな人生を手に入れる方法について考えてみたい。

5.1 ストレスの心理学モデル

　ストレスについて心理学的な視点から研究を行ったのは、ラザルスである。ラザルスは、ホームズらがストレスの原因として用いていたライフイベントよりも、日常的なストレッサーの方が、ストレスへの影響が大きいと主張した。

　私たちが日常生活を送るうえで、些細なイライラ事を経験するとき（たとえば、昨日締め切りだったレポートを提出し忘れた、など）、私たちはその些細な出来事に対するさまざまな評価を下す。「もうだめだ、この科目の単位を落としてしまったも同然だ」のような評価を下した場合、いま置かれている危機的状況を処理したり、改善するために何かできるのかと考えたりするだろう。実は、このプロセスこそが、人間の情動に影響を及ぼすというのだ。そしてストレッサーやストレス状態が長期にわたると、健康や社会的活動に影響を与えることになるのだ(図5-1)。

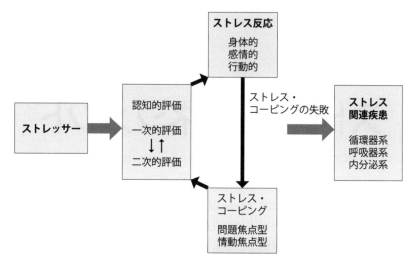

図5-1　心理学的ストレスモデルの概要

（小杉ら(2002)を一部改変）

　ホームズらのモデルは、ライフイベントに関連した生活上の変化と疾病の発症との直接的な関連を調べているのに対して、ラザルスのモデルは、日常的な些細なストレッサーと健康（または疾病）までのプロセスを重視し、そのプロセスを媒介する要因を想定している点が大きな違いであると言える。次に、ラザルスのモデルを詳しく説明しよう。

（1）一次的評価

　まず、些細なストレッサーに曝されると、私たちはそれに対する評価を行う。この過程を一次的評価とよぶ。一次的評価は3種類存在し、些細なストレッサーに対して、自分の価値や目標などが危うくなっているかどうか、脅かされているかどうかによって、「損害」「脅威」「挑戦」の3つのいずれか、または複数の評価を下すことになる。

① 損害

　自分の価値や目標などが、些細なストレッサーによって脅かされていると

判断された場合などに下される評価である。レポートを締め切りの期日内に提出できなかった場合は、大学を留年せずに卒業するという目標が脅かされることになる。このような場合には、「損害」という評価が下されるのだ。

② 脅威

脅威とは、自分の価値や目標などはまだ脅かされてはいないが、今後脅かされる恐れがある場合に下される評価である。レポートの提出を忘れていたものの、レポートと学期末試験の合計点で成績がつけられるため、試験で高得点を取れば単位を修得できる可能性がある。だがテストで高得点を取る自信がなく、きっと学期末試験の結果も振るわず、単位を落とすだろうと考えた場合は、「脅威」の評価が下されるかもしれない。

③ 挑戦

挑戦とは、些細なストレッサーが、自分にとっての利益や成長の可能性を高めると判断された場合などに下される評価である。レポートの提出を忘れていたが、成績はレポートと学期末試験の合計点で計算されるため、試験で高得点を取ることができれば、単位を修得できる。このようなときに、「まだチャンスはある。これから学期末までしっかりと勉強をして、学期末試験で高得点を取れるように頑張ろう。これは、自分を試す良いチャンスだ。」と考える場合には、「挑戦」の評価を下したということになるだろう。

これらの評価はときには同時に行われる。たとえば、レポートを未提出であっても、学期末試験で高得点を出せば単位をもらえるかもしれない場合には、しっかり勉強して試験に備えようという「挑戦」という評価を下すことになるが、それと同時に、「でもやはり自信がなく不安だ。もし高得点が取れなければ、自分は間違いなく単位を落とすだろう」と考え、「脅威」の評価も下すことになる。「挑戦」と「脅威」は、その後に対処努力を必要とする点で似ているが、些細なストレッサーによって生じている困難を克服できる自信がある場合は、「挑戦」が優勢になり、困難を克服できる自信がない場合には「脅威」が優勢になるようだ(Lazarus, 1999)。

（2）二次的評価

　二次的評価とは、一次的評価（「損害」「脅威」「挑戦」）が下された状況を処理したり、切り抜けたりするために何をすべきかを検討するプロセスに相当する。つまり、ここでは、困った状況への対処方略を検討するのだ。

　たとえば、この困った状況を切り抜けるために、「何か行動する必要があるのか、それとも何も行動しない方がいいのか」「もし行動するとすれば何をすればよいのか」「いつから行動するのか」「行動する場合にはどれくらいの負担があるのか」「行動の結果はどのように予想されるのか」などが検討される。

　先ほどの例（レポートの提出をすっかり忘れて締め切り日を過ぎてしまった）で考えてみたい。「いままで同じようなことがあったときに、自分はどうやって切り抜けてきたのか」「先生はレポートをいまからでも受け取ってくれる可能性はあるのか」「レポートについて相談に行った場合は、先生は自分に対して怒るだろうか」「いまから急いでレポートを書くのと、レポートをあきらめて、学期末試験で高得点を取るのでは、どちらに労力を費やせば成功確率が高くなるのか」「先輩にこの手の問題に関して詳しい人はいるだろうか。相談することは意味があるか」など、さまざまな対処方略を検討する。

　これらの一次的評価と二次的評価を合わせて認知的評価とよぶが、一次的評価と二次的評価の関係については、必ずしも二次的評価に一次的評価が先行して生じるわけではなく、また、どちらの方がより重要ということもない。一次的評価で、困った状況にあると評価されて二次的評価でその対処方略を検討する場合には、一次的評価が二次的評価に影響を与えているし、一次的評価の結果、ストレッサーが「脅威」と評価されても、二次的評価で効果的な対処方略を思いついた場合には、「脅威」の程度は小さくなる可能性がある。このように、一次的評価と二次的評価は互いに影響を与え合う関係にあると言えるだろう。

（3）ストレス・コーピング

　評価とは別に、ストレッサーによって喚起された情動（たとえば、悲しい、苦しい、腹が立つ、など）の処理をするためのプロセスが、ストレス・コーピ

ングである。ラザルスとフォルクマン(1984)は、ストレス・コーピングを以下のように定義している。

「コーピングとは、個人の資源に負荷を与えたり、その資源では対応できないとされた、外的あるいは内的な要求をコントロールするための、つねに変化する認知的および行動的な努力である」

つまり、自分のもつ資源（経験、人脈、お金、物、特性など）に負荷を与えたり、それらを持ってしてもうまく対応できない場合に、自分を取り巻く状況や自己の内面の安定を保つために、自分の考え方を変化させたり、行動を変化させることを指してコーピングとよんだ。これらの考え方や行動の変化は固定的なものではなく、状況に合わせて柔軟に変えられるのだ。

ストレス・コーピングにはさまざまな分類方法があるが、ここでは、ラザルスの分類を紹介しよう。ラザルスは、2種類のコーピングについて記述している。そのうち1つは問題焦点型コーピングであり、もう1つが情動焦点型コーピングである。

① 問題焦点型コーピング

問題焦点型コーピングとは、課題状況での問題解決を目的に行われるコーピングのことである。具体的には、「問題解決のために情報を集める」「問題解決のために計画を立てる」「具体的に行動する」などが含まれる。

② 情動焦点型コーピング

情動焦点型コーピングとは、情緒反応や不安の処理を目的として行われるコーピングである。「直面する問題について考えるのをやめる」「問題の意味を考え直す」「気晴らしをする」などが含まれる。

実は、ストレス・コーピングは、明確に分類することが難しい。レポートを提出し忘れたことを友人に相談する場合を考えてみよう。相談が友人から助言をもらうことを目的に行われた場合には、問題焦点型コーピングと捉えることができるが、友人に慰めてもらうことを目的に行う場合には、情動焦点型コーピングと捉えることができるだろう。それぞれのコーピングが、問題

焦点型コーピングであるのか、情動焦点型コーピングであるのかは、その方略を使用する人自身の意図や目的、コーピングを用いた状況などさまざまな要因によって決まるのだ。

　ストレス・コーピングの効果については、どれか1つのコーピングの有効性が高いわけではないことが知られている。ある研究によると、ストレス・コーピングを柔軟に選択する人の方が、抑うつ傾向が低いことが報告されており、ストレス・コーピングは柔軟に選択されることが重要であることがわかっている(加藤, 2001)。

　たとえば、友人と喧嘩をした場合を考えてみよう。喧嘩後に話し合いの場をもったが、互いに自己主張するばかりで険悪な雰囲気のままだったとすると、「話し合う」というコーピングは効果的ではなかったと考えられる。この場合は、次のコーピングとして、「話し合う」というコーピングを再度選択するよりも、「相手の怒りが収まるまで待つ」や「誰かに相談する」といった別のコーピングを選択する方が有効かもしれない。このように、用いたコーピングがうまく機能しなかった場合に、効果的でなかったコーピングの使用を断念し、有効だと思われる新たなコーピングを使用することができる人ほど、ストレスが低いのだ。ストレスをためにくい人は、コーピングを柔軟に使用している人なのかもしれない。

5.2 ストレス・マネジメントの実際

　ストレス・マネジメントとは、ストレスに対する自己コントロールを効果的に行うことであり、最近ではよく学校や企業などで研修が実施されている。さまざまなプログラムが用いられているが、多くの場合は、①ストレスについての学習と自己の状態の自覚、②環境・状況、認知的評価、ストレス・コーピング、ストレス反応への介入の2本柱で構成されている。

（1）ストレスについての学習と自己の状態の自覚

　ストレス・マネジメントでは、まず、この章で学んできたように、ストレス反応がどのようにして生じるのかについて学ぶ。ストレス反応は、ストレッサーによって生じるが、その程度は認知的評価やストレス・コーピングによって決まり、個人差も大きいことを皆さんはすでに理解していると思う。

　自分がどのようなストレッサーに曝されているのか、そして自分にはどのようなストレス反応が生じているのかを知るために、質問紙を用いることも有効である。表 5-1 は、厚生労働省が作成したストレスチェックシートである。

　過労死や過重労働により精神障害を患うケースが次々と明らかになるなかで、厚生労働省は、2014 年に安全衛生法を改訂し、事業者は労働者に対して、心理的な負担の程度を把握するための検査を実施することが義務づけられたのだ。この際に作成されたのが、ストレスチェックシートである。ストレスチェックシートを実施し、ぜひ自分のストレス反応を確認してみよう。

表5-1　ストレスチェックシート

	ほとんど なかった (1点)	ときどき あった (2点)	いつも あった (3点)	ほとんど あった (4点)
1. 活気がわいてくる				
2. 元気がいっぱいだ				
3. 生き生きする				
4. 怒りを感じる				
5. 内心腹立たしい				
6. イライラしている				
7. ひどく疲れた				
8. へとへとだ				
9. だるい				
10. 気が張りつめている				
11. 不安だ				
12. 落ち着かない				
13. ゆううつだ				
14. 何をするのも面倒だ				
15. 物事に集中できない				
16. 気分が晴れない				
17. 仕事が手につかない				
18. 悲しいと感じる				
19. めまいがする				
20. 体のふしぶしが痛む				
21. 頭が重かったり頭痛がする				
22. 首筋や肩がこる				
23. 腰が痛い				
24. 目が疲れる				
25. 動悸や息切れがする				
26. 胃腸の具合が悪い				
27. 食欲がない				
28. 便秘や下痢をする				
29. よく眠れない				

		低い (弱い)	やや低い (弱い)	普通	やや高い (多い)	高い (多い)
活気	No.1＋No.2＋No.3	3	4-5	6-7	8-9	10-12
イライラ感	No.4＋No.5＋No.6	3	4-5	6-7	8-9	10-12
疲労感	No.7＋No.8＋No.9	3	4	5-7	8-10	11-12
不安感	No.10＋No.11＋No.12	3	4	5-7	8-9	10-12
抑うつ感	No.13～No.18の合計	6	7-8	9-12	13-16	17-24
身体愁訴	No.19～No.29の合計	11	12-15	16-21	22-26	27-44

（2）環境・状況、認知的評価、ストレス・コーピング、ストレス反応への介入

　自分のストレッサーやストレス反応を確認したら、次は、それらへの介入を行う。

① 環境・状況への介入

　もし環境や状況を変えることができるのであれば、ストレッサー自体を除去できるので、ストレス低減の効果は大きいと考えられる。「授業中に前の席に座っている人がいつもおしゃべりをしていて、気になって授業に集中できない、イライラする」などのストレス反応が出ている場合は、次の授業のときに、おしゃべりをする人と離れた席に座って授業を受けることができれば、授業に集中できるようになるかもしれない。また教員に言って、私語を注意してもらうのも有効だろう。このように、環境や状況を自分の力で変えることができる場合には、ストレッサーを軽減あるいは除去することにより、ストレス反応は低減すると考えられる。

② 認知的評価への介入

　認知的評価は、ストレッサー状況に対する捉え方であり、またそれらに対して自分がどの程度対応できるのかについての考え方である。ストレッサー状況や自分のことを過度にネガティブに捉えている場合には、ストレス反応は高くなりやすい。そのため、認知的評価への介入では、まずは自分がストレッサー状況や自分についてどのように捉えているのかを自覚することから始める。

　表 5-2 を見てほしい。例には、大学生活のなかでよくみられる対人トラブルが書かれている。「仲が良い友人を学食で見かけ手を振ったが、相手はこっちを見たのに、何も反応せず他の友人と行ってしまった」場合、皆さんはどのようにこの状況を捉えるだろうか。例のように「友人はみな自分のことを嫌っているに違いない」「大学では独りぼっちだ」と捉えるのは果たして妥当だろうか。

表5-2　大学生の対人トラブルの事例

> 　昼休みになり、学食に昼食を食べに行った。学食は混んでいたが、レジに並んでいる同じサークルに入っているＡ子を見つけた。Ａ子は、学科は違うが気が合い、仲良くしている友人の一人だ。Ａ子がこちらを見ていたので、一緒に昼食を食べようと、Ａ子が気づくように手を振った。しかし、Ａ子は無表情のままで、自分とは逆の方向に歩いて行ってしまった。
> 　私は、Ａ子の気に障ることをしたのではないかと心配になった。そういえば、昨日サークルのときに、ちょっと強めの口調でみんなに意見を言ったのが原因だろうか？　そうだとしたら、Ａ子以外のサークルの友人にも嫌われてしまったに違いない。大学ではいつもサークルの友人と一緒にいるので、大学で一人ぼっちになってしまう。

　少し冷静になって考えてみると、「Ａ子は自分のことが見えなかったのかもしれない」「目はこちらを向いてはいたが、他の友人との話に夢中になり、自分に気づかなかったのかもしれない」と別の捉え方をすることもできるかもしれない。また、Ａ子が自分のことを嫌って行ってしまったのが事実だとしても、「友人がいないなら、これから別の友人を作ればいい」と考えることも可能だ。

　認知的評価は、単に頭の中での考えにすぎないのだが、頭の中での考えに私たちの感情や行動は支配されている。そのため、認知的評価がネガティブに偏りすぎないようにすることが、感情を整え、行動を起こすためには重要なのだ。なお、認知的評価は、考え方のクセにも影響を受ける。表5-3を参照に、自分の考え方のクセを確認しておくのも有効だろう。

表5-3 考え方のクセの例

"全か無か"思考	二分法的に考える
過度の一般化	一つの事実をすべてに当てはめて考える
選択的注目	ネガティブなことばかりに注目してしまう
マイナス思考	すべてをネガティブにとらえる
レッテル貼り	自らにネガティブなレッテルを貼る
心を読む	相手の心を一方的に推測し、事実とは関係ない結論を下す
拡大解釈と過小評価	自分のネガティブなところを重大に考え、ポジティブなところは小さく見積もる
感情的決めつけ	自分の感情を根拠に決めつける
べき思考・すべき思考	「〜するべきだ」「〜しなければならない」と厳しい基準を自分に当てはめる
自己関連付け	ネガティブな出来事を自分と関連付ける

③ ストレス・コーピングへの介入

　ストレス・コーピングへの介入については、まずは選択できるストレス・コーピングのレパートリーを増やすことが重要であると考えられる。そのため、さまざまな種類のストレス・コーピングを学ぶことが必要であろう。自分の周りにいる人びとが、どのようなストレス・コーピングを用いているのかを聞いてみるというのも有効であることが多い。

　情動焦点型コーピングの例としては、いわゆる気晴らしなどがあげられる。つらいことがあったときには、家でDVDを見て気晴らしをするという人がいるが、DVDを見て感動して泣いた後は案外すっきりしているという経験はないだろうか。実は、涙を流すことにストレス反応を低減させる効果があることが確かめられている。

　一般的に言って、ストレッサー状況では、交感神経系の活動が亢進しているのだが、号泣する際には一次的に副交感神経優位となり、ストレス状態が一次的にリセットされた状態になる。このため、泣くことはストレス緩和に

貢献しているのではないかと考えられるのだ。有田(2008)の実験では、被験者に泣けるビデオを30〜60分見せ、泣く前後の心理状態や号泣時の脳の血流量、心拍数などを測定している。号泣の予兆期（胸が詰まる感じの出現）になると急激に心拍数が増加するが、号泣の開始を境に心拍数は減少に転じ、号泣継続期では心拍数はかなり低下することが明らかにされている。心拍数の増加は交感神経系の亢進により生じ、副交感神経が有意になると心拍数は減少する。このため、号泣前後で交感神経優位から副交感神経優位にスイッチしたと考えられる。また、ビデオ視聴前よりも後の方が、混乱および緊張・不安の尺度得点が減少したことも報告されている。一般的に、泣く行為自体はストレス反応として捉えられる。しかし実際には、泣くことでストレス反応が緩和されることがわかる。

　では、お笑いのDVDを見る場合はどうだろうか。実は笑いにもまた、ストレス緩和作用があることが知られている。大平ら(2019)は、落語視聴前後で唾液中のストレスホルモンを測定した。その結果、落語視聴後では自覚的なストレス反応が減少し、ストレスホルモンの値も低下したことが報告されている。泣くことも笑うこともともに、ストレスを低減させる効果をもっていると考えられる。

　他にも、美味しいものを食べる、音楽を聴く、趣味に没頭するなどは情動焦点型コーピングに含まれる。美味しいものを食べることにより、快の情動が喚起され、副交感神経優位の状態になると考えられる。先述のとおり、副交感神経が優位になれば、心身ともにリラックスした状態になる。昼食後の授業が眠くなるのは、美味しいお昼ご飯を食べて、心身ともにリラックスした状態で授業を受けているからに他ならないのだ。音楽もまた、ストレス低減の効果があることが知られている。歌を聴いたり、歌ったりすることが、心拍数、血液循環、呼吸数、消化に影響を与えることが音楽療法ではよく知られている。

　音楽療法とは、音楽のもつ生理的、心理的、社会的働きを用いて、心身の障害の回復、機能の維持改善、行動の変容などに向けて、音楽を意図的、計画的に使用することを指す。好きな歌を聴いたり、カラオケに行って歌うと、気持ちがすっきりしたり、落ち着いたりするのは、音楽がもつ働きのためである

かもしれない。

④ ストレス反応への介入

　ストレス反応への介入は、自分のストレス反応を自分で緩和する方法を身につけることが目的となる。そのため、簡単に実施できるリラクセーション法などの訓練を行うことが多い。図 5-2 はストレス・マネジメント教育で用いられるリラクセーション法の説明資料である。

リラクセーション法

1. 腕のリラクセーション
① 両手のげんこつを力いっぱい握りしめます（7秒）

② 入れた力を一気に抜いて、手の感触を感じます（10秒）

③ 両手のげんこつを握って、両腕を胸の上で交差して身体を力いっぱい押しつけます。ついでに肩を思い切りすくめましょう（7秒）

④ 入れた力を一気に抜いて、手・腕・肩の感触を感じます（10秒）

2. 足のリラクセーション
① つま先に力を入れて、両足を力いっぱいくっつけます（7秒）

② 入れた力を一気に抜いて、足の感触を感じます（10秒）

3. 顔のリラクセーション
① 両目を力いっぱいつむります（7秒）

② 入れた力を一気に抜いて、目の周りの感触を感じます（10秒）

③ 歯をかみしめて、口を力いっぱい閉じます（7秒）

④ 入れた力を一気に抜いて、口の周りの感触を感じます（10秒）

4. 全身のリラクセーション
① 1〜3を全部（げんこつ、腕、肩、つま先、足、目、歯、口）いっぺんにやります（7秒）

② 入れた力を一気に抜いて、全身の感触を感じます（10秒）

図 5-2　ストレス・マネジメント用教材の例

（板野ら，2004 より引用）

　リラクセーション法では、漸進的筋弛緩法などの理論が用いられていることがわかるだろう。身体的な緊張をほぐすことによって、不安や緊張を低減させる作用があると考えられる。この方法は、一人で実施可能であり、また状況を選ばずに使用できるため、身につけておくといいだろう。大事な試験や試合などの緊張を強いられる状況で使用すれば、不安や緊張（ストレス反応）をコントロールし、十分に実力が発揮できるようになるかもしれない。

　ストレス・マネジメントでは、まずはストレスについて学び、自分のストレス状態について自覚をもつこと、そして学んだ知識を活用して、環境・状況に対して働きかけ、ストレッサーを減らす工夫を凝らしたり、ストレッサーに対する認知的評価を検討したり、有効なストレス・コーピングを実施することにより、自身でストレッサーやストレスをコントロールすることを目指す。筆者がストレス・マネジメントのために特に有効であると考えるのは、他の人がどのようにストレスをコントロールしているのかを知ることである。ストレス・マネジメントが上手な人は、どのように環境や状況に働きかけるのか、どのような認知的評価を下すのか、そしてどのようなストレス・コーピングを実施しているのかを知ることは、自分に足りない部分についてのヒントを得ることにつながる。

　ここで再び、レポートの提出を忘れていて、提出期限に間に合わなかった例を考えてみよう。レポートを提出していないことを考えると不安になるが、特に何もしなかったあなたは、自分と同じようにレポートを提出しなかった友人が、担当教員のところへ相談に行ったことを聞いて、自分も同じように担当教員のところへ相談に行くかもしれない。このように人の行動から学ぶことによって、ストレス・マネジメントのレパートリーが増れば、ストレスをうまくコントロールできる可能性は高まるのだ。自分はストレス・マネジメントがうまくできないと感じている人は、ぜひ身近な友人や家族に話をきき、ヒントを探してみよう。

第6章

喪失体験

　あなたは、大切なものを失くしたことはないだろうか。親に何度もねだってやっと買ってもらったおもちゃだったのに、出かけるときに持って行き、気づいたらなくなっていたという体験や、貯金をためてやっと買ったものを壊してしまったことはないだろうか。または、小さい頃からずっとやってきたスポーツがケガのためにできなくなってしまったことはないだろうか。大切な友達と些細な喧嘩で絶交してしまったことはないだろうか。これらに共通するのは、大切なもの、関係、人などを失うということだ。これらは喪失体験とよばれる。本章では喪失体験について学ぶ。

6.1 喪失体験とは

　喪失とは、価値や愛情、依存の対象を別離、拒絶、はく奪によって失うことである。つまり、大切な人や物、対人関係を失う体験を喪失体験とよぶ。

　私たちは誰もが、喪失を経験する。このうち、もっとも深刻な喪失は、死であろう。男であろうと女であろうと、金持ちであろうとそうでなかろうと死はすべての人に平等に訪れる。昔は、自宅で亡くなる人がほとんどであり、嫌でも死がいずれ自分にも訪れることを意識せざるを得なかった。しかし最近では、医療技術の目覚ましい発展によって、死は身近なものではなくなり、いずれどこかの病院で誰かに訪れるものになってしまったようだ。死が身近だった時代とは異なり、死期が迫った人がどのような心理状態になるのか、どのように死の瞬間を迎えるのかを知ることは難しくなってしまった。ある意

味、死について話すことや語ることはタブーのように扱われ、いつまでも若々しく元気でいることにのみ、注意が向けられる。できるだけ死を意識しないように生きているのが現代人かもしれない。

6.2 臨死過程の 5 段階

精神科医キューブラー・ロスは、死に瀕している患者と面接を行い、その心理状態を明らかにしたことで有名な人物である。もちろん最初は、臨死患者と面接をさせてくれる主治医は皆無であったようだが、次第に協力してくれる患者が現れ、200 名以上の患者と面接を重ねている。面接のなかで見出した臨死患者の心の状態を、彼女は次の 5 つの段階にまとめている。

（1）第 1 段階

キューブラー・ロスによると、自分が不治の病に侵されていると知ったとき、誰もが最初に「私のことじゃない。そんなことがあるはずがない」と思うようだ。それは、医師によって不治の病であることを告知された場合も、告知はされていないが、周囲の様子から自分が不治の病であることを悟った場合も同様である。検査によって不治の病が見つかった場合には、誰もが「自分の検査結果が他の誰かと取り違えられたに決まっている」と考えるだろうし、「もっときちんとした病院で診てもらおう。誤診に決まっているんだから」と考える人もいるかもしれない。このように、自分が不治の病であることを受け入れない、認めないことを否認とよぶ。第 1 段階は「否認と孤立」の段階である。

否認は、防衛機制の一種である。精神分析療法を提唱したフロイトによると、否認とは、外的な現実を拒絶して不快な体験を認めないようにする心の働きとされる。つまり、不快で苦痛に満ちた状況に対応するこころを守るためのシステムが否認なのだ。不治の病であることを告げられた患者の多くに否認が見られるが、特に、患者とまだ信頼関係が築くことができていないような医師から告知されたり、患者が受け入れる準備をする前に告知が行われた場合には、否認が生じやすいようだ。キューブラー・ロス(1969)は、その著

書の中で、「患者に告知すべきかどうか」ではなく、「どう告知すべきか」が重要であることを繰り返し述べている。彼女は、面談した患者たちから、患者への共感をもち、まだあらゆる手段をとることができることや、死が迫っていても、患者たちが医療者に見放されないことなどが十分に伝わる告知であれば、患者たちは医療者を信頼し続け、治療に向き合えることを学んだと記している。

　否認は通常、自分に迫っているであろう死について考えないようにするという点では役に立つ。しかしそれは一時的なものに過ぎず、患者は次第に自分に死が迫っていることを部分的にせよ、受け入れるようになる。たとえば、自分に死が近づいていることについてはまったく語ることがない患者だが、セラピストに自分と一緒にいてほしいと依頼するなどはこの例だろう。

　またこの逆の場合もある。自分が置かれている状況について話しているうちに、それを受け入れるのが難しくなり、急に話題を変えて、自分の言っていたことを否定することもある。不治の病を患う者にとっては、健康について話せば、それは病を意識せざるを得ないし、死について話すと死にたくないという気持ちを自覚するものだ。

（2）第2段階

　第1段階の否認を維持できなくなると、怒り、激情、妬み、憤慨といった感情が否認にとって代わる。第2段階は「怒り」の段階である。「なぜ自分が死ななければならないのか」「自分よりもっと役に立たない人がいるのに、なぜ病気になるのは私なのか」といった感情が生じる。特に、同じような年代や状況の人を見ると、そのように感じる傾向は強まるかもしれない。大学で単位を取り損ねて留年した場合、進級した同級生には会いたくないと感じるだろう。進級した友人達が笑っている様子を見れば、腹が立つかもしれない。患者も同じだ。若くして不治の病を患った患者であれば、大学を卒業し、これからというときに何も成し遂げないままに死に向かっている自分に比べ、自分とほぼ同じ年頃の医療者が生き生きと仕事をしていくのを見て、「なぜ自分が」と憤る気持ちは理解できるのではないだろうか。

　患者の怒りは、患者を取り巻く人たちに向けられるので、家族や医療者は

患者の対応に苦慮することが多い。患者本人でさえ、自分が本当は何に対して腹を立てているのかを理解していないことが多い。怒りは周囲への攻撃という形で現れる。家族が話しかけてもつらく当たり、看護師などの医療者に対しては、対応が悪いとクレームをつけるなど不平不満を並べ、過大な要求をし、注意を引こうとするのがこの段階である。以下は、キューブラー・ロスの著書である『死の瞬間』に記載されている修道女との面談の一部である。彼女は怒りっぽく、要求の多い患者で、病院ではその扱いに困っていた。

　「それから、20 歳ばかりの女の子が、死にかかっていて、毎晩大きな声で呻いていたこともありました。毎晩眠れませんでした。病院の方針で、午前 3 時以降は睡眠薬をとってはいけないことになっているそうです。理由は知りませんが、とにかくそうなっているんです。軽い抱水クロラールなら翌日に持ち越さないし、飲んでも一時的に眠れる程度の効き目しかありません。ところが看護婦たちは、患者が睡眠をとれるかどうかよりも、病院の方針の方がずっと大切なんです。それがこの病院の方針なんです」(Kübler-Ross 1969, 鈴木訳 2001)

　「私は生きている、そのことを忘れないでくれ。私の声が聞こえるはずだ。まだ死んでいないのだ」ということを周囲に理解させようとするのがこの段階の本質であると、キューブラー・ロスは指摘する。だからこそ、周囲に大切にされ、理解され、気にかけてもらい、わずかな時間でも自分のために皆が時間をさいてくれると、患者はその怒りのこぶしを下すようだ。実際に、面談によっていくつかの要求がかなえられたり、ありのままの自分をさらけ出し、ネガティブな感情を吐露しても非難されないことを理解した修道女は、その後、医療者にとっても、とても扱いやすい患者となり、看護師も彼女の病室を訪れるのを厭わなくなったことが記されている。

（3）第3段階
　第3段階は「取引き」の段階である。これは、避けられない厳しい現実である死を、少しでも先延ばしにするために交渉する段階である。といっても、医師と交渉するのではなく、多くの場合、「神様」や「運命」などと交渉をする。

　キューブラー・ロスも指摘しているとおり、私たちはそれまでの人生のなかで何度となく交渉の経験をしている。どうしても欲しいゲームソフトがある場合に、「今度のテストで100点取ったら買って」と親と交渉した経験がある人もいるだろうし、「家の手伝いを毎日するから、来月の小遣いを上げて」と交渉した経験がある人もいるだろう。このような交渉の経験から、臨死患者は、自分が行う善行と引き換えに、延命や苦痛の軽減を神や運命と交渉する。「もし奇跡が起きて病気が治ったら、もう二度とたばこには手を出しません」や、「もし娘の成人式まで生きることができたら、何でもします」などのように交渉するのだ。

　取引きによって、交渉した内容がかなったとしても、患者は何度も取引きをしたり、期限を過ぎても約束を守らなかったりすることが多い。この場合は、患者の罪悪感は大きくなる。願いがかなって、娘の成人式に一時退院をして家で娘の成人の祝いをすることができた患者は、病院に戻るなり、「娘が結婚するまで生かしてください。娘の晴れ姿を見ることができたら、今度こそ私はどうなってもいいです」のように再度神に交渉するのだ。

　神や運命との約束の期限をやり過ごしたり、約束事を守らなかった場合には、患者はそのための罪悪感や不安にさいなまれ、罰を受けるべきだという不合理な気持ちをもつようになる。そのような罪悪感や不安を患者がもっていないかどうか確認し、それを取り除くことが必要である。

（4）第4段階

　第4段階は「抑うつ」の段階である。患者が、神や運命と交渉してもなお、明らかな再発の兆候が見られ、再入院を余儀なくされたり、食べることがままならなくなり、やせ衰えるなど、厳しい現実を突きつけられ、もはや自分の病気を否定できなくなると、患者は大きな喪失感を感じるようになる。

　1つは、現実生活における喪失である。再入院のために職を失うかもしれないし、通っていた学校を辞めざるを得なくなるかもしれない。それは、その後に待っていたであろう輝かしい未来の喪失だ。

　そしてもう1つの喪失は、死に向かう存在であることを認め、生きることを失うことに対する喪失感である。現実生活における喪失の場合は、別の未

来を受け入れることによって解決することがある。病気により、それまで目指していた職業に就くことができなくなった場合、当初は自分の病気や運命を呪いたくなる気持ちになるかもしれないが、もしかすると、周囲の人の励ましなどにより、病気の自分を受け入れ、別の新しい道を探そうとするような気持ちを取り戻すこともあるだろう。

　しかし、生を失うことに対する喪失感には、周囲の人の励ましが功を奏することはない。もうすぐ自分の人生に別れを告げ、周囲の愛する人とも、大切にしていた物とも別れなければならないのだから、「もっと気持ちをポジティブにもって」とか、「きっとよくなる、元気をだして」と声をかけるのはまったく意味がないことだろう。悲しむのは当たり前のことで、患者が悲しむ間、周囲の者ができることは、ただ患者のそばにいることであり、そっと手を握ることだけだ。患者が死を受け入れて安らかに旅立つために、このような抑うつが必要なのだ。周囲の者が、声をかけて無理に患者に元気を出させようとしたり、死ぬ準備をする覚悟ができている患者に対して、あきらめないで治療を続けるように説得するのは、患者の気持ちを無視した対応である。その結果、患者には深い苦悩と混乱がもたらされるのだ。もし、患者の周囲の者が、患者が死ぬ準備をする覚悟ができていることを理解し、その結果、抑うつ状態に陥るのは当然であることを理解できていれば、患者も患者の周囲の者も、死の瞬間を心穏やかに受け入れることができるかもしれない。

（5）第5段階

　この段階は、「長い旅路の前の最後の休息」のような段階であるらしい。受容の段階は、ほとんどの感情が欠落した状態であり、患者は衰弱がひどくなり、寝ている時間が増える。また、起きていても周囲に対する関心が薄れていき、一人にしてほしいと感じたり、面会者が来ても話をしなくなったりするようだ。ただ、そばに腰かけているだけ、あるいは手を握ってほしいというように、言葉を使うコミュニケーションも減っていく。この段階では、周囲の者は、最期のときまで患者とともにいるというメッセージを相手に送ることができればよいのだ。それらを行えば、患者は、自分が何も話さなくても独りぼっちではないのだという確信を取り戻すことができる。

　この時期にむしろ助けが必要なのは、患者を見送る家族である。第4段階でも述べたとおり、患者が死を受け入れる覚悟をしているのを理解せずに、病気とこれ以上闘おうとしない患者を「生きることを諦めるな」と叱咤激励することは、患者にとって苦痛以外の何物でもない。家族が、患者の気持ちに寄り添えるように手助けするのが医療関係者の仕事になるだろう。

　また、とても難しいのが、患者にまだ延命の可能性がある場合である。医療技術の発達により、治療の継続によって延命が可能な場合が多くなってきた。医師たちが延命を勧めるのに対して、患者が安らかに死を迎えたいと望む場合は、これは患者の早すぎる生への諦めなのか、それとも患者の死の受容なのかを判断するのは難しい。患者は、死を受け入れざるを得ない状態になっていてもつねに、生への希望と死への絶望の間を行ったり来たりしていると言われる。そのために、医療関係者は最後まで患者の意志を確認し続け、患者に寄り添う必要がある。

　キューブラー・ロスは、患者たちから学んだことで一番印象的であるのは、患者が自分の病気について知らされているかどうかに関わらず、自分の病気の重さについて気づいていることだと述べている。患者は、医療者から告げられなくても、周囲の者の態度の変化を敏感に感じ取り、自分の余命が幾ばくもないことに気づくようだ。心の準備がないままに告知されたり、告知した後に適切な対応がない場合は別であるが、きちんとした対応のなかで告知された人では、大半の人が告知してもらってよかったと考えている。また、患者は残された時間のなかで、周囲の人と不安を分かち合い、やり残した仕事について話し合うことを望んでいる。命尽きるそのときまで、尊厳の保たれる対応を望んでいる。

　彼女の研究からは、臨死患者たちが死に正面から向き合おうとしているのに比べて、死に向き合うのを恐れているのは、医療者や家族などの周囲の者たちであることがわかる。死が遠い存在となった現代社会では仕方のないことであるのかもしれないが、周囲の者たちが、もし、きちんと死に向き合うことができれば、死に付随する過度な不安や恐怖感は案外少なくなるのかもしれない。

6.3　悲嘆反応

　今度は、大切な人を失くした場合を考えてみよう。第 4 章でも学んだとおり、死別はとても大きな喪失体験であり、ストレッサーでもある。悲嘆とは、喪失体験に関連した悲しみや怒り、罪責感と自責、不安、孤独感、疲労感、無力感などとされる。悲嘆には個人差があるが、喪失体験に付随した当然の一次的な反応であり、病的なものではない。悲嘆は、①身体症状、②情動反応、③認知的反応、④行動的反応の 4 つに分類される。

　身体症状では、「お腹が空っぽな感じ」「胸が締めつけられる感じ」「のどにつかえる感じ」などが例として挙げられる。他にも、その人特有の身体症状もあるかもしれない。

　情動反応では、まず何と言っても「悲しみ」が挙げられる。ただし、この場合には必ずしも泣くわけではない。よく、身近な人を亡くした後、葬式などの手配で忙しくて泣く暇もなかったという話を聞くことがある。たいていの人は、生活が落ち着いた後に悲しみが襲ってきたと答えており、涙を流さなくても、悲しみを感じることは可能である。そして、悲しむことは喪の作業を進めるにあたり重要な役割を果たしている。「怒り」もまた、大切な人が亡くなった後によくみられる感情である。大切な人を亡くしたとき、人は心理的に退行し「私を置き去りにしないで」と相手に怒りを感じたり、相手の死を防ぐことができなかったと自分に対して怒りを感じるようである。「悲しみ」や「怒り」の他にも、「罪責感」「孤独感」「不安」「思慕」「安堵感」などもよく見られるものであるが、いずれもごく当然のものであり、適切に処理されることによって喪の作業が進む。

　認知的反応は、悲嘆特有のものである。たとえば「死を信じられない」「混乱」「故人へのとらわれ」「幻覚」などがある。大切な人が亡くなったことが信じられず、考えを整理したり集中するのが難しい状態になったりする。または、亡くなった人のことや死に至った状況、どうしたら死を防ぐことができたのかについて延々と考えたり、死んだはずの相手を駅で見かけるなど、さまざまな認知的反応が存在する。いずれも悲嘆の初期に見られ、時間経過とともに落ち着いてくると言われている。

　行動的反応には、「睡眠障害」「食欲の障害」「引きこもり」「回避」などがある。睡眠障害は、悲嘆のプロセスのなかでよくみられるようだ。なかなか眠れなかったり、早朝に目が覚めてしまいよく眠れないことがある。また食事も食べられなくなったり、反対に食べすぎたりすることがある。他者と関わる気力が失せて、それまで参加していた友人との集まりなどにも顔を出すのが煩わしくなることがある。それから、亡くなった人を思い出させる物や場所を避けることも、よくみられる反応である。

　これらの悲嘆反応は、それまでの行動とは違っており、周囲から見ると心配に思えるかもしれない。しかし、これらの反応は大切な人を亡くした人の当然の自然な反応である。そして、故人のことを苦痛なく思い浮かべることができるようになれば、喪の作業も終盤に向かっている証拠である。

6.4　喪の作業

　喪とは、死別によって始まる心理的な回復過程を指す。喪の過程によって、喪失が変えようのない事実であることを理解し、喪失によってもたらされた変化を受け入れる。故人のいない世界に目を向け、再びその世界に適応していく。

　ウォーデン(2008)によれば、まず、喪のプロセスの最初では、大切な人が亡くなったことを受け入れることが必要となる。喪失体験の 5 段階と同じように、否認が生じることもある。「亡くなったのではない。いまはどこか遠くにいるだけで、そのうちひょっこり帰ってくるに決まっている。」と考えたり、亡くなった人の部屋をそのまま保存しておくことなどが否認の例として挙げられる。

　または、喪失したこと自体の価値を下げるやり方もある。「亡くなった父親とは、そこまで仲がよかったわけではないので、そんなに悲しいはずがない。」と訴えたり、亡くなった父親との思い出の品をすぐに処分してしまう場合は、亡くなった人やその人との思い出の価値を下げることで、喪失の意味を否認する方法と言える。大切な人が亡くなったことを受け入れることはなかなか難しく、時間がかかることも多い。しかし、厳しくつらい現実を受け入れるこ

とが喪のプロセスを進めるためには重要なのだ。

　他には、悲しく、つらく、苦しいという悲嘆反応を十分に体験することも必要となる。周囲は、いつまでも悲しんでいる遺族に対して、「そんなに悲しむと、故人も悲しむよ」といった励ましの言葉を投げかけることがある。だが、悲嘆反応を避けたり、意識から締め出してしまうと、その後に精神的な不調をきたすことの方が多いと言われる。

　大切な人を亡くした後、喪失を受け入れ、そして一日の大半を悲しく、つらい気持ちで過ごす日常から、徐々に亡くなった人のいない生活に適応していく。決して悲しさが消える日はこないが、それでも故人のいない生活に慣れ、そして故人とのつながりや、喪失を体験した自分の人生に意味をみつけて日常を取り戻していくのだ。

　最後に、父親を自死で亡くした大学生の手記を紹介しよう。

　「私はいままで、父親が自殺したということを認めたくなかったのだと思います。だから誰にも言えなかったし、言いたくなかったのだと思います。父は何を思いながら死んでいったのか、私たち家族がどうなることを期待していたのか。いくら考えても、これから先もずっと答えは出ないかもしれません。

　しかし、父は私たち家族が不幸になることを望んでいたのではなく、幸せになってほしいと願っていたのだと信じています。私たちを守るために、やむをえず下した決断だったはずです。父は、自死というかたちで命を絶ちましたが、それでも私にとって父親と呼べるのは一人しかいないから、その父の遺志を大切にしたいと思っています。

　父は車のフロントガラスに私と兄の写真を残していたそうです。今年になって初めてそのことを聞かされ、父に嫌われていたのだという気持ちがすべて払拭されました。私も父に愛されていたんだと、父の死後、初めて感じることができました。だからいまは、父のことを大好きだと自信をもって言えます。父のためにも精一杯生きていきたいと思いながら、毎日を過ごしています。自死遺児だからといって、幸せになるための条件が欠けているはずはないのです。

　この手記を書くのは容易なことではありませんでした。文章にすることを何度もためらい、これがほんとうに正しい選択なのかと不安になることもありました。
　しかし、これを読んで、一人でも多くの人が自殺という問題と真剣に向き合うきっかけになるなら、そして昔の私のように誰にも言えずに一人で悩み苦しんでいる自死遺児の仲間が、少しでも勇気をもってくれるきっかけになるのなら、幸いだと思います。」（自死遺児編集委員会あしなが育英会, 2005)

　手記から、大学生が亡くなった父親の愛情を感じ、父親とのつながりを取り戻す様子がわかる。そして、自身の喪失体験を書き記すことに、自殺について真剣に考えるきっかけ、あるいは自死遺児が勇気をもつきっかけとしての意味を見出そうとしていることがわかるだろう。

　喪失体験は、どんな人にも存在する体験である。しかし、だからといって他の人の喪失体験や喪のプロセスを自分に当てはめて考えることはできないし、またその逆も同じである。まったく一緒の体験ということはなく、個人差が大きい体験でもある。だからこそ、サポートする側は相手の気持ちを知り、相手に寄り添った対応ができているのかをつねに意識しなければならない。

第7章
傾聴・受容・共感的理解

　この章では、カウンセリングの場での心構えや、カウンセリング・スキルについて学ぶ。カウンセリングという言葉を聞いたことがない人は、もはやいないだろう。日本では、1995年に文部科学省による「スクールカウンセラー活用調査研究委託事業」が開始され、スクールカウンセラーが学校に導入されて以来、“カウンセラー”の認知度は抜群に上がったように思う。では、カウンセラーとは何をする人だろうか。臨床心理士や公認心理師との違いは何であろうか。まずは、カウンセリングとは何かについて考えるところから始めよう。

7.1　カウンセリングとは

　“Counseling”という単語を辞書で調べてみると、「助言」や「指導」と明記されている。つまり、カウンセリングとは、学校や組織などのさまざまな場における相談活動全般を指すのである。カウンセリングを実施するカウンセラーは、相談担当者のことであり、自らの専門知識を活かして、相談に来た人に専門知識に基づいた助言を行ったり、問題解決の手助けをする。現場の1つが学校であり、学校において心理的な内容に関する相談活動を行っているのが、スクールカウンセラーということになる。これが仕事探しの場であれば、職業カウンセラーとよばれる。カウンセリングは必ずしも、心理学理論から生まれたわけではない。そして、カウンセリングは非医療機関でも行われ、その対象も精神疾患患者ではないことも多い。

　ところで皆さんは、臨床心理士や公認心理師を知っているだろうか。心理学の知識をもとに、心の問題に関する研究を行ったり、心理療法を用いて心の問題の治療を行うことを専門としている心理職である。ただし、これは日本の話であり、イギリスなど海外ではまた状況が異なっている。イギリスでは、カウンセラーと心理士は明確に区別されている。資格を取る際にも、カウンセラーは 1〜2 年程度の訓練コースを修めることで資格を取得できるが、心理士は大学卒業後 3 年間、博士課程で勉強しながら訓練を受けなければならない。

　しかし日本では、カウンセラーと臨床心理士、公認心理師はほとんど区別されずに使用されている。病院で心理療法に従事する場合にカウンセラーとよばれることもあれば、学校で面談を行うときにカウンセラーとよばれることもある。病院でも学校でもカウンセラーではなく心理士とよばれることもある。同じ人が、ある場所ではカウンセラーと名乗り、他の場所では心理士と名乗ることもある。このように日本における心理士の養成課程は未熟な状態にある。丹野(2015)が指摘するとおり、日本でも心の専門家としての心理士の本格的な養成課程を早急に確立することが望まれるだろう。

7.2　カウンセリングの基本的な態度とカウンセリング・スキル

　前述のとおり、カウンセリングはもともと心理学から発生したものではない。現在では、ロジャーズのクライエント中心療法の理論自体を、カウンセリングの理論として扱うことが多い。そのため、ここでもクライエント中心療法における基本的な態度やカウンセリング・スキルを、カウンセリングの理論として紹介したい。

　そもそもロジャーズは、「カウンセリングという用語はどちらかと言えばより日常的で表層的な面接に対して使う傾向があり、一方、心理療法という用語はもっと強力で長期にわたる接触を意味する傾向になる。用語を使い分けることも一理あるだろうが、しかし、最高度に強力で効果的なカウンセリングが、強力で効果的な心理療法と区別できないこともまた明らかである。」と

述べている。カウンセリングを心理療法と区別しながらも、カウンセリングにも心理療法とさほど変わらないほどの十分な効果があると考えていたようだ。

では次に、カウンセリングのなかでどのようなことが行われるのかについて、説明しよう。

（1）傾聴

傾聴とは、深く相手の話に耳を傾け、その人に焦点を当てて、相手そのものを聴くことを指すと言われる(佐治他, 1996)。いま、目の前にいる相手はどんな表情で、どんな姿勢で、どんなジェスチャーで、どんな感情で、どんな考えで、どんな内容の話を話しているのかについて、つまりはその人の存在そのものに注意を向け、耳を傾けることが傾聴なのだ。

いま、目の前に悩みをもった、一人の学生がいるとしよう。学生は、大学入学後、数カ月たっているのにも関わらず友人ができないと語る。カウンセラーは、その学生が語るつらい大学生活に耳を傾けながらも、その表情や口調、会話の間などに絶えず意識向ける。それまで硬かった表情が、高校時代の思い出を語るときには、生き生きとした笑顔に変わるのを見て、目の前の学生が高校時代には生き生きと充実した生活を送っていたのをイメージしたり、大学に入ってからは、学内でおしゃべりを楽しむ知人はできたが、心の内をすっかり話せるほどには打ち解けられていない現状についての話を聴くかもしれない。目の前の学生がどのような学生生活をいま送っているのか、そしてそれがどれほどつらく、本来もっている生き生きとした部分が影を潜めてしまっているのかについて、あたかもその学生になったように感じながら、話を聴くのだ。

目の前の相手の存在そのものに耳を傾けると、相手の沈黙もまた傾聴の対象になる。私たちは、普段の生活のなかではあまり沈黙には出会わないかもしれない。沈黙は会話の拒否であったり、会話の終わりの合図だったりするので、そのまま沈黙の状態で相手の話を待つことはほとんどない。だからこそ、目の前の相手が沈黙すると、焦って話を促そうとするものである。

しかし、沈黙にもまた重大な意味が隠されていることがある。自発的に相

談に来たのではない場合、そのことを主張する意味で沈黙することはよくあることである。「私はこんなところであなたに話をするつもりはない」という抗議の意味がこもった沈黙である。これもまた、目の前の相手から発せられるメッセージである。

　沈黙がこの他のメッセージになる場合もある。たとえば、こちらの問いかけに対して、その回答を返そうか、返すまいかと悩んでいる場合にも、沈黙や長い間がみられる。他にも、何かを思い出すときに、当時のことをじっくりと考えている場合などには沈黙がみられる。沈黙を否定せずに、沈黙もまたその人の在り様であることを意識して話を聴くことが重要だろう。

　ところで、なぜ、カウンセリングでは相手の話を傾聴するのだろうか。ロジャーズは、あるクライエントとの面談のなかで、以下のように述べている。

　「何が傷つき、どの方向に行くべきか、どんな問題が決定的か、どんな経験が深く隠されているかなどを知っているのはクライエントだけである」
　(Rogers 1967，村山訳 1975)

　つまり、自分がいま困っていることの原因は何であるのかを知っているのは他ならぬクライエント自身ということになる。カウンセラーができるのは、クライエント自身の力を信じて話をひたすら傾聴することだけである。クライエントは語りながら、自分の問題を自分自身で解決する力を自分で見出していくのだ。

　ではなぜ、傾聴によってクライエントは自分の問題解決に取り組み始めるのだろうか。ただ傾聴するだけで何か効果があるのだろうか。傾聴では、話し手そのものに興味、関心があることを聴き手側が態度で示すことになる。聴き手が一生懸命に自分の話を聴いてくれている様子を見て、「相手は自分のことを大切に思ってくれている」「相手は自分のことに関心をもっている」と感じ、ひいてはこれが、「相手は自分のことを認めてくれている」「相手が認めてくれた自分は、存在する価値がある」のように、話し手側の自尊感情を高めることに繋がっていくのではないかと考えられる。

　オプラ・ウィンフリーは、アメリカの有名なテレビ番組の司会者であり、番

組内で数多くの有名人と対談した経験をもつ。そんな彼女の言葉を紹介しよう。

「私たちが探しているものはみんな同じものなんです。それは、『最大限に、本当の自分を、表現すること』。一人の人間としてね。だから、相手がたとえ殺人犯だろうと、私は双子の娘を殺した男にも、子どもに性的虐待をした人たちにもインタビューしてきたけれど、相手が何をしたのか、どうしていたのか、理解しようと努めてきました。もちろん、たくさんの性的虐待の被害者たちも。大統領でも、政治家でも、はてはビヨンセまでも。インタビューの終わりには決まって、殺人犯からビヨンセまで、こんなことを聞いてきます。『オーケイだった？　どうだった？』。誰もがそう言うので、私はその言葉を待っていればいい。ということは、実は、話っていうのはみんな同じなんです。『私の話聞いてる？』『私のこと見てる？』すべてそう。」(FORBES JAPAN, 2018 年 9 月号)

彼女はもちろん、カウンセラーではないが、それでも傾聴の意味を十分に理解しているように感じる。話の聴き手の態度によって、話し手に興味をもっているということが伝われば、話し手は、相手が自分を受け入れてくれたと感じるのだ。この体験こそが、傾聴なのだろう。

（2）受容

受容とは、ロジャーズの言う「無条件の積極的関心」のことである。これは、ロジャーズの「治療的な過程が起こるための条件」における第 4 の条件である。たとえ、クライエントが否定的な感情、悪意、苦痛、恐怖、防衛的な感情、異常な感情を表現したとしても、クライエントが良い感情、肯定的な感情、成熟した感情、自信のある感情、社会的な感情を表現したときと同じように、その表現を受け入れているという感情である。

日常生活のなかでは、私たちは相手のことを条件づきで受け入れやすい。母親が、「お母さんの言うことをちゃんときいてくれる、〇〇ちゃんのこと、大好きよ」と言う場合には、「お母さんの言うことをきいてくれる場合は、〇〇ちゃんのことは好きだけど、きかない場合は好きじゃない」という条件が

ついている。また、父親が「あの有名高校に進学するなんて、本当に○○は、うちの自慢の息子だな」と言うときは、「いい高校に入れる子どもは、うちの息子として認めてやるが、いい高校に入れないような子どもは、うちの子どもとしては認められない」ということになる。このように、意図せずとも、条件がついた受容を行っていることは意外に多いだろう。ロジャーズの言う受容では、相手がどのような人であろうが、どのようなことを言ったり話したりしようが、話が理路整然としていようが矛盾だらけであろうが、それをそのまま受け入れることが重要となるのだ。

　だが、実際には目の前の相手をそのまま受け入れるということは、思った以上に難しい。相手を受け入れるためには、自分がいまこの瞬間に、何を感じ、何を考えているのかに気づき、そして無条件に自分を受け入れることが必要になる。それができないなら、相手を受け入れることもできないのだ。

　昔、友人から仲間はずれにされるつらい体験をした 30 代の男性がいるとする。そのことを思い出すと、いまでも悔しくて、悲しくて、つらい気持ちになる。自分を仲間はずれにした友人のことを、決して許せないと感じている。そして、その男性の目の前に中学生がいるとする。この中学生は、学校がつまらないので、普段から気の弱そうなクラスメイトをからかって、仲間はずれにして遊んでいると男性に話す。このような場合、この男性は、目の前の中学生の話を冷静に聴けるだろうか。ついつい、自分のつらい体験と重ねて捉えてしまい、仲間はずれにする行為を責めたり、被害者側の立場からしか話が聴けなくなるのではないだろうか。

　相手をそのまま受け入れるためには、まずは自分を受け入れることが必要である。自分の心をよくのぞいてみると、他人を妬んだり、意地悪をしたくなる気持ちがあるかもしれない。他の人と比べて、何もかも劣っているように感じて、自己嫌悪をつねに感じているかもしれない。反対に、自分よりできない友人を心の底ではバカにしている自分がいるかもしれない。ネガティブな感情や思考もまた、あなたの一部であることを受け入れることは苦痛をともなう作業である。そのため、最近では、心の奥にもっているネガティブな気持ちを封印してしまい、自分の気持ちに気づかない人が増えているという指摘

もある(裳岩, 2001)。

　表 7-1 のチェックリストに記入して、自分の気持ちへの注目度を確認して
みよう。

表 7-1　自分の気持ちへの注目度チェックリスト　(裳岩, 2001)

質問項目	当てはまる○ 当てはまらない×
1. 落ち込みそうになると、これではいけないと落ち込み、気分にブレーキをかける	
2. 理由なく気分がもやもやして、すっきりと晴れないことがよくある	
3. いつも何か楽しいことがみつけられる	
4. クールなほうなので、何があっても動じない	
5. 腹をたてているときに、「あっ自分は怒っているな」とすぐに気づく	
6. 自分を見ているもう一人の自分を意識していることが多い	
7. 落ち込み気分から抜け出す自分なりの方法をたくさんもっている	
8. これまで、大きな悩みごとに出会うことはなかった	
9. 喜怒哀楽がはっきりしている	
10. 誰かにやつあたりして後悔することがよくある	
11. 心配なことや気がかりなことがあると、ほかの事が手につかない	
12. 充実した毎日だと思う	
13. 好き嫌いよりも、客観性や正誤に目が向く	
14. いつも何かに追い立てられているような気がする	
15. 愚痴話をすることはほとんどない	
16. これをすると幸せ、というものをもっている	
17. イライラした人や不機嫌な人がいると、自分もイライラしてくる	
18. 自分の気持ちをコントロールできないと感じることがよくある	
19. 人と話をしていて、自分が何を言いたいのかわからなくなることがよくある	
20. 自分の中に、矛盾した気持ちがわくことがあるのに気づく	

自分の気持ちへのチェックリスト回答表

1	×	6	○	11	×	16	○
2	×	7	○	12	○	17	×
3	○	8	×	13	×	18	○
4	×	9	○	14	×	19	×
5	○	10	×	15	×	20	○

※ 回答表と一致すれば1点
　1〜5点：自分の気持ちへの注目が少ない
　6〜14点：自分の気持ちへの注目度は平均的
　15点〜：自分の気持ちをよく把握している

　相手を受容するためには、まずは自分自身を受容できなければならない。自分の感情や思考に敏感になり、いまこの瞬間に自分は何を考え、どう感じているかを理解できるようになることは、相手を受容するための第一歩となる。

（3）共感的理解

　ロジャーズ(1957)は、共感的理解について次のように説明している。

　「クライエントの私的な世界を、あたかも自分自身のものであるかのように感じとり、しかもこの "あたかも～のように"(as if) という性格を失わない――これが共感（empathy）なのであり、治療にとって、肝要なものであると思われる。クライエントの怒りや恐怖や混乱を、あたかも自分自身のものであるかのように感じとり、しかも自分の怒りや恐怖や混乱がそのなかに巻き込まれないようにすること、これが、われわれがここで説明しようとしている条件なのである」(Rogers 1957, 伊東訳 1966)

　相手の感情、思考、イメージ、態度など、その人の存在そのものを聴き、カウンセラーがあたかもクライエントであるかのようにそれらを体験することが重要である。そして、この際、カウンセラーは自分の感情、思考、イメージ、態度と、相手の感情、思考、イメージ、態度との区別がついていなければならない。そうでなければ、その感情、思考、イメージ、態度が自分のものであるのか、相手のものであるのかの区別がつかなくなってしまうからだ。

　もし、カウンセラーが、あたかもクライエントが体験するようにそれらを体験したならば、カウンセラーの発言は、クライエントがこれまで体験してきた感情、思考や態度などと一致することになる。そして、カウンセラーの発言を聞いたクライエントは、「この人は私のことを理解してくれる」「この人は私を認めてくれる」と感じることだろう。共感的理解は、受容や傾聴があって初めて成立するのだ。

7.3 カウンセリング・スキル

　カウンセリングのなかで実際に使用されるスキルはいくつかある。ここでは、これらの一部を紹介しよう。

（1）質問技法
① 開かれた質問

　開かれた質問とは、「はい」「いいえ」で回答できないような、自由な応答を促す質問のことである。以下の例を見てほしい。

　　例）　「明日は学校に何を持っていきますか？」
　　　　　「昨日は何をしていましたか？」
　　　　　「大学を卒業したら、どのような職に就くつもりですか？」

　開かれた質問を投げかけられた相手は、自由に話すことができる。話すのが好きな人の場合には、特に問題ないだろう。しかし、話すことに慣れていない、またはあまり話したくないという人の場合には、かえって話すのが難しく感じられるかもしれない。

② 閉ざされた質問

　閉ざされた質問とは、「はい」「いいえ」で答えられるような質問である。以下の例のとおり、聞かれていることが明確で、かつ、回答は「はい」または「いいえ」のどちらかを答えればよいだけなので、基本的に容易に回答できる。話すのが好きではない、話したくない、などの場合には、会話の取り掛かりとして使用できる。また、質問する側が欲しい情報を手早く手に入れるためには都合がよい面もある。しかし、もっと話したい人の場合は「はい」「いいえ」で答えるだけでは物足りなく感じるだろう。

　　例）　「明日は学校に教科書を持っていきますか？」
　　　　　「昨日は家にいましたか？」
　　　　　「大学を卒業したら、企業に就職しますか？」

　実際には、開かれた質問と閉ざされた質問とをうまく使い分けながら、面接が展開される。

（2）応答技法
① 繰り返し

　クライエントが発した言葉の一部を繰り返す技法である。オウム返しと呼ばれることがあるが、オウム返しのように、何も考えずに繰り返すわけではない。クライエントの発言のなかで重要な意味をもつ部分を繰り返す。

> 例）**クライエント**：「今朝、学校に行ったら、自分の上靴が下駄箱になかったんです。おかしいな、と思いながら教室に行ったら、自分の上靴が捨てられていたのを見たんです。誰かが捨てたんだと思います」
>
> 　　　**カウンセラー**：「あなたの上靴が、教室のごみ箱に捨てられていたのを見たんですね」

② 言い換え

　言い換えは、一種の繰り返しである。クライエントの言葉を、カウンセラーの言葉を用いて言い換えるのである。

> 例）**クライエント**：「今朝、学校に行ったら、自分の上靴が下駄箱になかったんです。おかしいな、と思いながら教室に行ったら、自分の上靴が捨てられていたのを見たんです。誰かが捨てたんだと思います。」
>
> 　　　**カウンセラー**：「自分の上靴が下駄箱になかったことを不思議に思いながら教室に行ったら、教室のごみ箱で、誰かに捨てられたあなたの上靴を見つけたのですね。」

③ 感情の明確化

　クライエントの発言のなかで、感情に関わる部分に焦点を当てて、その感情を明確にする技法である。

例）**クライエント**：「今朝、学校に行ったら、自分の上靴が下駄箱になかったんです。おかしいな、と思いながら教室に行ったら、自分の上靴が捨てられていたのを見たんです。誰かが捨てたんだと思います。まさか、と思いました。」

カウンセラー：「そうですか。誰かに捨てられたあなたの上靴をごみ箱で見つけたとき、自分の友人がこんなひどいことをするなんて信じたくないという気持ちと同時に、友人が上靴を捨てたかもしれず、ショックだという気持ちだったのですね。」

　これらの応答技法はカウンセリングのスキルのほんの一部である。そして、ここで提示したカウンセラーの応答例は、もちろん必ずしも正解ではなく、クライエントの私的世界を十分に表現できていない場合もあるだろう。しかし、たいていの場合、カウンセラーの応答が的を射てなければ、クライエントはきちんと訂正してくれることがほとんどであるので、安心してほしい。

例）**クライエント**：「今朝、学校に行ったら、自分の上靴が下駄箱になかったんです。おかしいな、と思いながら教室に行ったら、自分の上靴が捨てられていたのを見たんです。誰かが捨てたんだと思います。まさか、と思いました。」

カウンセラー：「そうですか。誰かに捨てられたあなたの上靴をごみ箱で見つけたとき、自分の友人がこんなひどいことをするなんて信じたくないという気持ちと同時に、友人が上靴を捨てたかもしれず、ショックだという気持ちだったのですね。」

クライエント：「友達がこんなことをするなんて信じたくないとか、友達が捨てたからショックだというよりも、ごみ箱に私の上靴が捨ててあることに気づいている人もいるのに、みんながそれを見ないふりをしていることがショックでした。私はクラス中から嫌われているのではと、とても不安になりました。」

　この章では、カウンセリングでの態度やスキルについて説明した。ここで説明したものは、カウンセリングをしないのなら関係ないというものではな

く、日常生活でも応用可能なものである。ぜひカウンセリングの態度やスキルを身につけ、日常生活のなかで活用してほしい。

第8章
精神分析

　本章では、心理療法の精神分析について解説する。第1章ですでに精神分析については触れているが、フロイトが精神分析学を創始したことにより、現在行われている心理療法への流れが生まれたと考えられる。フロイトが考案した心の構造や精神分析理論はその後、心理療法のみならず、さまざまな領域に多大な影響を与えた。まずは、創始者であるフロイトの生い立ちからみていこう。

8.1　フロイトの生い立ち

　フロイトは、1856年にオーストリアにて、ユダヤ人の商人の子として生まれた。異母兄弟が母よりも年上であるような複雑な家庭で育ったが、幼少時より勉強熱心な努力家であり、大変成績が良かった。そのため、両親の期待を背負って成長した。

　1873年にウィーン大学の医学部に入学する。大学で勉強するうちに生理学に興味をもち、将来は生理学の研究者になることを夢見ていたと言われる。しかし、生計を立てるために臨床医の道に進むことを決める。ウィーン総合病院で医師として診療に従事するなかで神経病学に興味をもち、パリのサルペトリエール病院の神経学者シャルコーのもとに留学している。シャルコーは、当時のヒステリー治療の第一人者であり、教えを乞うために世界中から多くの医師や研究者がシャルコーのもとに集まっていた（図8-1）。

　そもそも、ヒステリーとはどのような病気だろうか。古代ギリシャ・ローマ

時代には、ヒステリーは女性特有の疾患であると考えられていた。子宮の窒息や子宮の移動によって生じる障害だという見方が一般的であった。19世紀に入ってようやく、ヒステリーは生殖器や子宮に起源をもつ病ではなく、脳にその病理が存在することが主張されるようになった。

図8-1　シャルコーによるサルペトリエールの臨床講義

　シャルコーもこの流れを受け、ヒステリーを神経の病であり、性差なく生じると考えていた。彼はヒステリーを次のように定義した。①感覚・知覚の半側消失、②卵巣痛あるいは鼠径部の圧迫によって生じる睾丸痛が存在する、③圧迫することで発作を引き起こすヒステリー誘発点が存在する、④ヒステリー誘発点から典型的な一連の大発作が生じる、⑤腱反射の亢進や減弱をともなう対麻痺あるいは片麻痺がある。これらの5つの特徴によって、ヒステリーを、繰り返し誘発される観察可能な普遍的な神経症疾患と定義した。以下は、シャルコーが「ヒステロ・ニューラステニー」と名づけた事例である。

　「この53歳の男性事例は、18歳の息子とともに仕事で工事現場へ行き、
　　息子は不幸にも6階の屋根の作業中墜落して即死してしまう。男性はショックのあまり気を失ってしまい、以降人格が一変し、悲嘆と抑うつに

悩み、重い兜が額とこめかみ、後頭を圧迫する感覚とともに、息子の悪夢（元気であったり、事故の際の血塗られたものだったり）を見るのである。この患者はその後、眩暈のため梯子の上から転落し意識を失い、気がついたときには左半身の完全な麻痺が出現している。シャルコーはこの事例が神経衰弱を経由してヒステリーに至ったと考え、視野を含む綿密な神経学的検査を行っている。ヒステリーになると夢の内容が変化し、息子の死の夢の代わりに獣の夢を見るようになる。多くは灰色の猫で自分めがけて飛びついてくる。本人曰く、動物はいつも左側から飛び出し、それを本人は懸命に防ごうとするのでる。」(江口, 2007)

ウィーンに戻ったフロイトの関心は、器質的神経疾患から神経症に移っていき、開業医として神経症患者の治療を精力的に行うようになった。催眠治療を行いつつ、友人のブロイアーとともに「ヒステリー研究」を執筆して、ヒステリーの発症やその治療についてまとめている。しかしブロイアーとの関係は、ヒステリーの発症に対する意見の食い違いから、その後決別に至っている。それでもフロイトは自身の理論から精神分析を創始し、やがて 1908 年には国際精神分析学会が開催されるまでに精神分析を発展させた。世界大戦による経済状況の悪化やユダヤ人であるが故の迫害を受けつつも、精力的にヒステリーの治療にあたるとともに、「精神分析概説」など数多くの著書や論文を執筆し続けたフロイトは、1939 年に 83 歳でこの世を去った。よくフロイトの理論が難解であると言われるが、それは彼が生涯を通じて自分の理論を発展させ続けたために、しばしば年代によって理論の説明が異なるからである。それほどまでに、研究にエネルギーを注ぎ、後世に大きな影響を及ぼす理論を遺した。

8.2　精神分析の誕生まで

（1）カタルシス（浄化）法

　前述のとおり、フロイトはシャルコーのもとに留学し、催眠法を学ぶ。シャルコーは当時、催眠の暗示により人工的にヒステリー状態を生じさせる実験を成功させ、ヒステリーによる麻痺を治療する研究を行っていた。フロイトは、シャルコーに学んだ催眠をヒステリーの治療に用いたが、それを暗示をかけるためではなく、ヒステリーの症状が生じるようになった起源を思い出させるための手段として用いていた。このように催眠を用いるきっかけとなったのは、友人であるブロイアーが担当していた女性患者（アンナ・O）の治療だと言われる。

　「夏のひどく暑い時期のことであったが、患者は激しい渇きのためひどく不機嫌であった。これといって語るべき根拠もないのに、彼女は突然に水を飲むことができなくなったのであった。水を一杯ひどく欲しがって手にとったが、それを唇につけるや否や、あたかも恐水病の患者がするように、それを唇から離してしまうのであった。この際明らかに彼女は何秒かのあいだは欠神状態であった。彼女はメロンその他の果物だけで苦しい渇きをやわらげながら生活していた。およそ 6 週間続いたときに、催眠状態でのことであったが、あるとき、好きでなかったイギリス婦人の使用人を罵ったことがあった。あらゆる厭悪の表情を示しながら、この夫人の部屋で彼女がどんなことにあったか、そこではこの夫人の飼っていた小犬で、いとわしいと思っていた小犬がコップから水を飲んでいたというのであった。ぶしつけになってはいかぬと思い、そこでは何も言わなかったという。ずっとわだかまっていたふんまんを思う存分に吐露した後に、彼女は水が飲みたいと希望し、何の抑制もなしに大量の水を飲み、唇にコップを当てたまま催眠からさめたのである。これでその障害は永遠に消滅してしまった。」(Breuer & Freud 1895, 懸田・小此木訳 1974)

　この事例を通して、フロイトとブロイアーは、ヒステリーの原因は心的外

傷体験にあり、その際に発生した情動が適切に解放されないことが問題であると考えるようになった。心的外傷体験は、無意識に抑圧されるために本人がその体験を想起することは不可能である。そのときの情動は依然として残ったままになっており、それがヒステリーの症状を引き起こすと考えた。治療のためには、それらヒステリーの症状が最初に生じたときを思い出し、そのときの情動を再体験することが必要である。この情動の再体験をブロイアーはカタルシス（浄化法）とよんだ。

　これらの治療法については、「ヒステリー研究」(Freud, 1895)にまとめられている。そのなかで彼らは、ヒステリー症状の誘因となる出来事を明確に回想させ、それにともなう情動を生じさせることで、患者自身が自らそれらについて詳細に語ることができれば、ヒステリーの症状はすぐに消失し、二度と生じないと述べている。

（2）前額法

　フロイトはあるとき催眠法にかからない患者（ルーシー・R）に出会い、催眠法の効果について疑いをもつようになる。彼女は、焦げたプディングの臭いに悩まされ、気分がふさぎ、身体的な症状も呈していた患者であった。フロイトはこれらの治療のために催眠にかけようとするのだが、患者はなかなか催眠にかからなかった。困惑するフロイトであったが、「患者は自らの症状の発症について知っているはずだ」という確信から、「いつからこの症状が現れましたか？」「原因は何ですか？」という質問を患者に投げかける。患者が答えられないでいると、今度は患者の額に手を当てて、「こうして私が手で押さえていると、いまに思い浮かびますよ。私が押さえるのをやめた瞬間に、あなたには何かが見えるでしょう。さもなければ、何かが思い浮かんで、頭にひらめくでしょうから、それを捕らえてください。私たちが捜しているものがそれなのです。さあ、何が見えましたか、それとも、何か思い浮かびましたか」と尋ねた。すると、患者はフロイトが求めていた答えを話し始めた。これ以降、フロイトは催眠法の代わりに、患者の額に手を当てて話を促す前額法を用いて、治療を行うことになる(Freud, 1895)。

　前額法は、患者は知っているのに言わない症状出現の原因を言わせるとい

う点で、催眠法と同じように、患者の意識を拡大させる効果があった。しかし、患者がそれを思い出すことは催眠法よりもずっと困難であった。フロイトは、患者が思い出すのを難しくしているのは、想起することに対する患者の抵抗が生じているためであると感じた。なぜなら、患者たちがやっとの思いで想起した事柄はすべて、何らかの意味で苦痛であったり、恐ろしいものであったり、心を痛めることであったり、恥ずかしいことであったのだ。

8.3　精神分析の誕生

　フロイトは、催眠が効かない症例に出会うなかで、催眠法に対して疑問をもち始め、そして催眠法を放棄する決断に至る。特に催眠を放棄することを決断させたエピソードは有名である。

　フロイトがある女性患者の治療を行っていたときに、催眠から覚醒した患者が自分の腕をフロイトの首に巻きつけるということがあった。そのときに幸いにも使用人が部屋に入ってきたために、フロイトと患者はこの気まずい出来事について話し合うことはなかったが、この出来事を機に、フロイトは催眠法の根底には患者の治療者への無意識の性的な感情が関与していると考えるようになり、催眠を用いることで、症状の意味を治療者が見落とす可能性があるため、催眠法を手放す決断を下すに至るのである。

　催眠法を放棄し、前額法を用いて治療を行っていたフロイトが、患者の額に手を当てながら質問したところ、ある患者から「私の思考の流れを質問で邪魔しないでください」と言われたことがあった。これにヒントを得て、新たに自由連想法を考案する。これは、一切強制せず、心に浮かんできたことをなんでも自由に浮かんだままに話させる方法である。

　以後、フロイトは、催眠法や前額法に代わって自由連想法を用いるようになり、ここに精神分析が誕生したと言える。

8.4 こころの構造

　精神分析における人の心を理解するためのモデルが、図 8-2 の心的人格の図である。これは、フロイトが催眠法を用いて治療を行うなかでの気づきから生まれたものである。私たちは普段、自分の考えや気持ちなどを意識することは可能だが、これは図の「意識」に当たる。そして心には、フロイトが催眠法のなかで発見した、普段は意識できない領域である「無意識」が存在する。「意識」と「無意識」の中間は、「前意識」とよばれる。前意識は普段はあまり意識されないが、注意を向けると意識化できる領域である。これらの心的装置では、エス（イド）、自我、超自我という 3 つの機能が存在する。このうちのエスには、本能や衝動などのエネルギーが貯蔵されており、身体とつながっている。超自我は、成長するなかで経験してきた親からのしつけや価値観などによって作られたもので、道徳的規範となる。自我は、エスと超自我、そして外界からの要求のそれぞれを満たすように働く、調整役である。エス、超自我、自我は互いに関係し合いながら働く。精神分析では、患者のエス、超自我、自我の働きについて理解することで治療を進める。

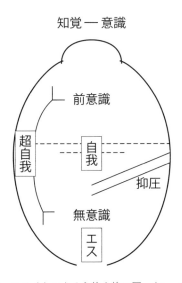

図 8-2　フロイトによる心的人格の図　（Freud, 1933）

8.5 精神分析の実際

（1）治療構造

　治療構造とは、治療者と患者との交流を規定するようなさまざまな諸条件のことである。たとえば、治療を行う場所、部屋の中の家具類の配置、面接時間や料金などの物理的な構造を外的治療構造とよび、面接のルールや守秘義務についてなど、治療を進めるうえでの取り決めを内的治療構造とよぶ。治療構造は、精神分析に特化したものではなく、ほとんどの心理面接では最初に治療者と患者との間で決められるものである。

（2）技法

　精神分析におけるもっとも基本的かつ中心的な技法は、自由連想法である。自由連想法では、患者は頭に浮かんだ思考、イメージなどに対して、「これは重要ではない」「これは関係ない」などと判断したり選択せずに、そのまま言葉に出すことが求められる。治療者は、患者の話す言葉の流暢さや文脈などから患者の心の動きを理解する。

　　「あなたの頭に浮かんだすべてを私に話してください。たとえそれが不
　愉快なことであろうと、とるに足らないことに思われようと、いまの問
　題には関係がない、あるいは無意味なことに思われようとも、とにかく
　それら一切を私に話すことを約束してください。その代わり、それをど
　んなテーマで語ろうとそれはあなたの頭に浮かぶままで差支えありませ
　ん」(Freud, 1909)

　このように伝えられた後、患者は寝椅子に横たわりながら、頭に浮かぶままに話し始める。治療者は、これをただひたすら聴くのだが、そのときに、治療者は自分の意識、考え、感情に影響されることなく、ひたすら患者の話に注意を向けるようにすべきだとフロイトは述べている。

　自由連想法の際に語られる患者の言葉は、ときに曖昧であったり、患者自身が話の矛盾に気づかずに話していることがある。これらに対して、患者の話やその意図を整理して患者に伝えることを明確化とよび、話が矛盾してい

る場合に患者にそれを伝えることを直面化とよぶ。これらの作業を通して、患者の話す言葉から、患者がそれ以前に気づいていなかった心の動きを治療者が丁寧に説明し、患者にそれらを意識させることを解釈とよぶ。解釈は、自由連想法のなかでも特に重要な技法と言える。次の事例で、解釈についてもう少し説明しよう。

[事例] ルーシー（30代）

彼女はイギリス人の女性で、妻を失った工場主の家に2人の子どもたちの家庭教師として住み込んでいた。彼女はある日突然、焦げたプディングのような臭いを感じるようになる。その臭いは他の人には感じられない主観的な臭いであり、そのために気分がふさぎこみ、倦怠感、頭痛、食欲不振、作業遂行の困難などを訴えていた。

フロイトが前額法を用いて治療を行うなかで、ルーシーは焦げたプディングの臭いのきっかけを話し始めた。それは2カ月前の出来事であった。家庭教師を任されている子どもたちと遊びながら料理をしているときに、実家の母親から自分宛の手紙が届いた。子どもがふざけてその手紙を奪ったので、それを取り返そうとしているうちに、プディングを焦がしてしまった。実はこのとき、ルーシーは子どもたちとの関係はうまくいっていたのだが、他の使用人たちがそれをやっかんだため、家庭教師を辞めて実家に戻ろうと考えていた。ルーシーのなかで、子どもたちを残して去っていくことを残念に思う気持ちと、それでも揺らぐことのない辞める決心の2つの思いが葛藤していたのだった。

フロイトは、これらに加え、ルーシーが子どもたちの父親に対して愛情を抱いており、この感情をルーシーが意識から締め出して無意識に抑圧した結果、焦げたプディングの臭いが離れないというヒステリー症状を生じさせていると考えた。そこで、フロイトは次のようにルーシーに伝えた。「あなたが2人のお子さんに対して抱いている感情の原因は、それだけではないと思います。あなたは主人である社長さんを愛しているのではないかと想像します。あなたはその家の母親の地位につこうという希望を心のなかではぐくんではいませんか」と解釈したことを伝えると、ルーシーは主人へ愛情を抱いてい

ることを認め、その後、プディングの臭いは消失したのだった。

　フロイトは、解釈により無意識に抑圧されていた感情を意識化することで、症状は消失すると考えていたが、患者はいつでも頭に浮かんだことを躊躇せずに話すわけではない。「恥ずかしいので知られたくない」「病気には関係ないので言う必要はない」などと、頭に浮かんでいるのにも関わらず、声に出そうとせずに黙り込むことがある。これを抵抗とよぶ。

　もちろん解釈によっても抵抗は生じる。「より早く正しい推定をすることができればできるだけ激しい抵抗を呼び覚ましてしまうのである。真先に治療効果が零に等しくなってしまう。そして最後に来るものは分析からの離反である」(Freid, 1913)とフロイトが述べているように、あまりに治療の早い段階で解釈を行うと、患者は激しく抵抗し、結局治療が中断してしまう。

　では、いつごろに解釈を患者に伝えるのがよいのだろうか。この点については、患者に転移が生じた後に伝えるべきだと述べられている。転移とは、精神分析状況における特殊な感情状態を指し、本来は別の人物に向けられている感情が治療者に向けられることを言う。幼少時に父親と死に別れた患者は、本来父親に向けられていた愛情を、父親の代わりに男性の治療者に向けるかもしれない。強い母親の影でいつも委縮して成長した患者は、本来母親に向けられている攻撃性や恐怖心を、女性の治療者に向けるかもしれない。肯定的な感情を向けることを陽性転移、否定的な感情を向けることを陰性転移とよぶ。

　また、治療者側が患者に対して、情動体験をもつこともある。これを逆転移とよぶ。逆転移は、治療者が患者の情動体験を反映させたものと考えられる場合もあるし、治療者自身の心の中から生じた場合もある。治療者は、体験している情動が、自分のものであるのか、それとも患者のものを反映させた結果なのかを明確に把握する必要がある。

（3）精神分析の発展と衰退
　精神分析のみならず、フロイトがもたらした諸理論は広く後進に受け継がれている。発達理論や、心理テストなど影響を受けた理論をあげるときりが

ないほどに存在する。精神分析だけに限っても、精神分析は第二次世界大戦後、特にアメリカで広がり、アメリカにおける精神科医の多くは精神分析を学んだと言われるほどである。

　また、数多くの心理療法の創設に精神分析が関与していることも有名である。しかし、現在の精神分析には、残念ながらフロイトが創始した当時ほどの勢いは見られない。基本的に精神分析には長い治療期間が必要とされるため、一度治療が始まると 5 年以上かかることも少なくない。そのため、治療には膨大な時間とお金がかかり、治療を受けられる人が限られるなどの理由により徐々に衰退していった。

　また、最近の心理療法におけるエビデンス重視の流れも、衰退に追い打ちをかけただろう。もともと治療効果を重視している行動療法などとは異なり、効果を実証するという考え方そのものが精神分析になじみにくく、これまでエビデンスの視点は精神分析にはあまりなかった。その結果、現在では他の心理療法に押される形になっている精神分析であるが、最近では精神分析の効果を実証するような新しい動きもみられる。今後の発展に期待したい。

第9章

クライエント中心療法

　第8章では精神分析を紹介したが、本章ではクライエント中心療法を紹介する。クライエント中心療法は精神分析と並んで有名な心理療法であるだけではない。フロイトの理論がさまざまな分野に影響を与えたのと同様に、クライエント中心療法の創始者であるロジャーズの理論は、多くのカウンセラーに影響を与えたのはもちろん、当時の社会にも大きな影響を与えたことで知られる。

9.1 ロジャーズの生い立ち

　ロジャーズは、アメリカのシカゴ郊外で6人兄弟の4番目として生まれた。彼の両親はともに厳格なプロテスタントであり、両親は家族だけで過ごす時間を重視していた。そのため、あまり近所の人びとと付き合うことを良しとはしなかったようだ。

　毎週日曜日には家族そろって教会に出かけ、毎日朝食後には、聖書からの引用を順番に読み朝の祈りを行っていた。両親は家族の絆を重視し、子どもたちに勤勉さを求めた。実際、ロジャーズは当時のことを、「一言で語るなら、今日私が他者との親密でコミュニケーションのある対人関係だとするものが完全に欠如していたのがこの時期である。家庭外の人びとに対する態度は、両親から取り入れられた、距離をおいた超然としたものだった。」(Rogers, 1980)と回想している。

　両親は子どもたちに、罪深い社会に染まるのを避けるように促した。その

ためロジャーズは、中学校に入っても自由時間をもてずに、学校や地域で孤立していった。そして、実際彼が高校に入ると同時に、両親は子どもたちを都会に潜むさまざまな誘惑から遠ざける目的で農場を購入し、一家は郊外に引っ越すことになる。

農場での経験から農場経営に関心をもったロジャーズは、17歳でウィスコンシン大学農学部に入学する。しかし、ロジャーズはそれまでまったく味わうことのなかった他人との交流を経験するなかで、キリスト教に興味を惹かれるようになった。そのため、将来牧師になる際に役立つと考えられる歴史学科へ転学科している。

大学卒業後、22歳でユニオン神学校へ進学した後にロジャーズを待ち受けていたのは、刺激的な体験であった。自然と心理学に興味をもつようになり、人を研究し、また人への援助をすることが職業になりうることを知り、その道に進むことを決心する。そしてついに神学校を中退し、コロンビア大学教育学部にて臨床心理学や教育心理学を学ぶことになる。その後、児童相談所のインターンなどを経て、オハイオ州立大学の教授になり、以降は教育やカウンセリングに携わりながら自身の創始した心理療法やそれに関わる理論を発展させていった。

晩年は、大学から研究所に研究拠点を移し、エンカウンター・グループ（後述）に取り組んだ。また、自身の理論を用いて平和運動にも取り組むなど、活動の場を臨床から社会に移した。そして1980年代には、政治衝突のためのエンカウンター・グループを政府高官を対象に行うなど、1987年にその生涯を閉じるまで、心理療法の枠を越えて幅広く活躍した。

9.2 クライエント中心療法を見出すまで

ロジャーズがクライエント中心療法を見出す過程のなかで、彼が「決定的な学習体験」とよぶ出来事がある。ある問題を抱える少年の母親に対してロジャーズが精神分析による面接を行っていたが、残念なことに面接は行き詰まってしまった。仕方なくロジャーズが面接の終結を母親に告げた際の出来事である。

「私は彼女に我々2人は一生懸命やってみたがどうも失敗したようだ。面接をやめてもよいのではないかと言った。彼女は同意した。そこで面接は終了し、握手をし、彼女は面接室のドアへ歩きかけた。そのとき、彼女は振り返り、『先生は、ここで大人のカウンセリングをやられたことがありますか』とたずねた。私があると答えると、彼女は『それじゃ私お願いしたいのです』と言った。彼女は立ち去りかけた椅子に戻り、彼女の結婚生活、夫との関係、失敗と混乱など彼女の絶望感を述べ始めたが、それらは以前、彼女が話した不毛の『生活史』とはまったく異なっていたものだった。そのときから本物のセラピィが始まり、ついに大成功———彼女にとっても息子にとっても———に終わった」(Rogers 1967, 村山訳 1975)

　この出来事は、ロジャーズにクライエントが何に傷つき、そしてそれをどう癒していくのか、またどんな問題が決定的か、どんな経験が深く隠されているのかを知っているのはクライエントまさにその人自身であることを確信させることとなった。これらの経験から導かれた自身の考えは『問題児の治療』(Rogers, 1939)にまとめられているが、ここにはすでにクライエント中心療法につながる流れを見ることができる。

9.3　クライエント中心療法の発展

　クライエント中心療法は、その理論的発展から 4 つの時期に分けることができる。以下の 4 つの時期を説明し、クライエント中心療法がどのようにして発展していったのかを見てみよう。理論的発展には、ロジャーズの人間としての成長が関わっていることが興味深い。

（1）非指示的療法時代
　ロジャーズは、それまでの児童センターでの臨床経験やオハイオ大学での学生へのカウンセリングの指導を通して、それまでの心理療法のように過去を取り上げるのではなく、"いまここで"のその人のありよう、"いまここで"の感情や情動に焦点を当てることを重視することが重要であり、カウンセリ

ングのなかで成長経験が得られることが重要であることを『カウンセリング
と心理療法』(Rogeors, 1942)にまとめた。

　その内容は、指示的カウンセリングや精神分析に対するアンチテーゼの色
彩が濃かったために、この時代のロジャーズの理論を「指示的療法」に対し
て、「非指示的療法」とよぶようになった。「非指示」という語感から多くの誤
解や批判を受けることになったものの、著書内で、それまで使われていた「患
者」ではなく相談者を意味する「クライエント」という単語を用いたり、ロジ
ャーズ自身が当時の自分の功績の1つと述べている面接中の逐語録をそのま
ま著書に掲載したことは、それまでには見られなかった新しい概念や手法を
カウンセリングに導入することになった。

（2）クライエント中心療法時代

　この時期に発表された『クライエント中心療法』(1951)において、ロジャー
ズの理論がそれまでの「非指示的」療法から「クライエント中心」療法へ発展
したことが見て取れる。クライエント中心療法とは、クライエント自身の自
ら主体的に成長する力を尊重するカウンセラーの態度に焦点を当てたカウン
セリングを指す。

　ロジャーズの理論のなかでも重要な核となる、『治療によりパーソナリティ
変化が生じるため必要かつ十分な諸条件』(Rogers, 1957)が発表され、自己理
論がまとめられたのもこの時期である。これらについては後述するが、ロジ
ャーズの理論はほとんどこの時期に完成したと言われるほど、理論的な発展
の大きかった時期だ。そして、その背景にはロジャーズ自身の不適応体験が
あったと言われている。

　この時期に、ある女性クライエントの依存的態度にうまく対応できずに、
クライエントと接するが苦痛になっていたのにも関わらずカウンセリングを
続けていたロジャーズは、自分自身が精神的に参ってしまっていることに気
づいた。ロジャーズは、カウンセリングを放棄して自宅に逃げ帰り、そのまま
数カ月逃げるように旅行に出かけてしまった。彼は、カウンセラーとしての
自信を失い、人間としても値打ちがない、心理学者としてもカウンセラーと
してもやっていくことが難しい、もうこのままカウンセラーに復帰するのは

無理だと考えていたようであった。しかし、同僚たちのサポートにより再度自信を取り戻し、再びカウンセラーとして職場に戻ることになったのだが、このような危機的状況の経験がカウンセラーの条件を生み出すことにつながったと考えられる。

（3）体験過程療法時代

　この時期のロジャーズは、おもに統合失調症のクライエントに対してカウンセリングを行っている。自分が作り上げた理論が、それまでの神経症レベルのクライエントだけではなく、すべてのクライエントに有効であることを証明しようとしていた。しかし、この試みは容易ではなかったようだ。一応その結果は『治療関係とそのインパクト』(Rogers, *et al.*, 1967)としてまとめられはしたが、それまでの著書と比べて、その内容は不十分であり、十分な評価は得られなかった。この時期のロジャーズは、言語的な方法だけではなく、非言語的な方法でクライエントに働きかけることを重視し、カウンセリングを通して、クライエントにどのような変化が生じているのか（体験過程）に焦点を当てている。これはのちにジェンドリンによってフォーカシングとして発展していくことになる。

（4）エンカウンター・グループと人間中心アプローチ

　1964 年、ロジャーズは不自由さに失望して大学の職を辞め、カリフォルニア州の西部行動科学研究所に活動の拠点を移す。そして、そこからさらに、人間科学センターをつくって独立する。これ以降の活動では、個人を対象としたカウンセリングから、エンカウンター・グループへと活動の中心を移している。エンカウンターとは、心と心の触れ合いを指す言葉である。この言葉どおり、エンカウンター・グループとは、自己の成長を目指した人びとが集い、他者と交流するグループ活動を指す。

　1968 年には、自分がファリシテーター（グループの進行役、促進役）を務めたグループの記録映画「出会いへの道」が制作され、アカデミー賞長編記録映画部門の最優秀作品賞を受賞している。エンカウンター・グループの対象は、心に問題を抱えた人びとではなく、健常な人であったために、ロジャーズ

の活躍は心理学領域にとどまらず、教育や社会のコミュニティーにまで広がっていった。

　ロジャーズはこの頃には、クライエント中心療法ではなく、より幅広い対象に向けた「人間中心アプローチ（person-centered approach: PAC）」という名称を用いるようになっている。人種間の対立や紛争の解消のためにエンカウンター・グループを実施するなど、国際平和のための世界的規模のワークショップを次々に実施した。世界平和に貢献したため、1987年にはノーベル平和賞の候補となるなど心理臨床の枠を超えて活躍したロジャーズは85歳でその生涯を終えている。

9.4　クライエント中心療法の基本的な考え方

　クライエント中心療法は、ロジャーズの人間観が根本にあると考えられる。ロジャーズは、人間を自らの基本的潜在能力を最大限に発展させようと努める存在であると捉えている。つまり、人間は自己実現に向けて積極的に関わろうとする能動的な存在であるのだ。しかし、精神分析や行動主義では、現在の症状を過去のトラウマや刺激（環境など）の結果として受動的に捉える。また、精神分析は人間を葛藤によって理解し、行動主義は刺激―反応において理解するが、クライエント中心療法は、人間の全体性や統合性を強調する点においても、やはりクライエント中心療法が、精神分析や行動主義とは異なる立場に立つことがわかるだろう。クライエント中心療法は、精神分析や行動主義へのアンチテーゼとして登場したために、第三の勢力ともよばれた。

（1）治療的な過程が起こるための条件
　建設的な方向にパーソナリティが変化するために必要な条件は以下の6つの条件であり、それがしかるべき間存在し続けることが必要だとされている。

① 2人の人間が心理的に接触している。
② 一方の人間はクライエントとよぶことにするが、不一致の状態、すなわち傷つきやすく、不安の状態にある。

③ もう一方の人間はセラピストとよぶことにするが、この関係のなかで、一致している、あるいは統合されている。

④ セラピストは、自分が無条件の積極的関心をクライエントに対してもっていることを体験している。

⑤ セラピストは、自分がクライエントの内的照合枠を共感的に理解していることを体験しており、かつこの自分の体験をクライエントに伝えようと努めている。

⑥ クライエントには、セラピストが共感的理解と無条件の積極的関心を体験していることが、必要最低限は伝わっている。

「他のいかなる条件も必要ではない。もしこれらの6つの条件が存在し、それがある期間継続するならば、それで十分である。建設的なパーソナリティ変化の過程が、そこにあらわれるだろう」とロジャース(1957)は述べている。

　上記の①はその後の条件に出てくるクライエントとセラピストの関係性を明示しており、最低限、両者は心理的な接触がなければならないことを示している。そして②では、クライエントの条件を示しており、クライエントは自己概念と体験とが不一致な状態にあることを示している。

　ところで、②や③の条件に出てくる、一致や不一致とは何を指しているのだろうか。これは、自己概念と体験とが重なる領域がより一致しているか、それとも不一致であるのかを指す。自己概念とは、「自分はこうありたい」「このような人間になりたい」「自分はこのような人間だ」のような自分を意識的にとらえたものである。

　体験とは、いままさに自分が体験している感覚や感情を指す。私たちは、自己概念を通して、体験を理解しようとするのだ。自己概念と体験とが重なる領域が広いほど、一致していることになる。

　丹野(2015)は、自己概念と体験とを、シューティングゲームに例えている。シューティングゲームでは、動き回るターゲットにうまく照準を合わせなければならないが、この場合、照準は「自己概念」であり、「体験」はターゲットとなる。流動的で、刻一刻と形を変える「体験」を私たちは柔軟に「自己概念」を動かしながら捉えようとする。このときに、体験のほとんどを自己概念

で捕捉できた場合が一致となる。

ロジャーズに言わせると、これが「体験に対して開かれている」ということになる。自分の体験を、歪めたりせずにそのまま受け入れることである。一致の人は、適応的であり、精神的に健康であると言える。では、体験を自己概念で捉え損ねた状態である、不一致はどうだろうか。この場合は、自分の体験を歪めたり、捉え損ねるために、不適応となる。

ロジャーズは息子が家を離れるときに、原因不明の病気になる母親に例えて、この不一致を説明している。母親は、本当は愛する息子に家を出てほしくない。このままずっと一緒にいてほしいと願っている。しかし、息子を手放さずにそばに置いておくことを願う自分は、良い母親としての自己とは一致しない。そこで、息子を手放そうとしない自分は否認されることになる。ただし、もし自分が息子の世話が必要になるような病気であれば、良い母親としての自己とは矛盾しない。そこで母親は、息子が家を離れるときに、原因不明の病気になる（歪曲）。この場合、母親の知覚された自己（息子の世話が必要になる病気の母親である）と、現実の体験（息子を手放したくないという願望）との間には不一致が生じている。このような、歪曲や否認は、親による養育やしつけによって形成されるとロジャーズは説明している。

幼児期に、親から条件づきの愛情を与えられた場合には、親の考えを取り込んで、「できる自分」「素晴らしい自分」のような価値がある自分以外の自分を認められなくなり、それ以外の自分や価値観は否認されるのだ。クライエント中心療法において、クライエントは最初、不一致の状態にある。だが、クライエント中心療法を行うなかで、徐々に自己一致に向かうと考えられる。

③では、セラピストが偽りのない真実の姿でその場にいることについて述べられている。たとえば、本当は「クライエントのことが怖い」「もうカウンセリングを続けたくない」と感じているのに、そのような気持ちを隠し、セラピストの仮面をつけてその場に居続けるのは、真実の姿ではない。また、これは、カウンセラーはいつでもどこでも正直でいなければならないという意味でもない。最低限、カウンセリングの行われているいまこの瞬間、カウンセラーである自分自身が何を感じているのか自分に問いかけ、自分の感じるものを明確に意識することが必要だということである。このことを純粋性ともよぶ。

　④については、「△△ちゃんが、ちゃんとお母さんの言うことを聞いてくれるから、△△ちゃんのこと大好きだよ（お母さんの言うことを聞かない△△ちゃんのことは好きじゃないよ）」のように、日常生活では、条件づきで相手を受け入れることはよくあることだ。これはロジャーズの言う、無条件の積極的関心とは真逆の態度である。無条件の積極的関心とは、クライエントが否定的感情をもっていてももっていなくても、クライエントと自分の価値観が一致しようがしまいが、どんなクライエントでもそのままの在り様でクライエントを受容することであり、この態度こそ、クライエントを尊重することに他ならない。

　⑤の条件では、クライエントの私的世界をあたかも自分自身の私的世界のように感じとることである。そして決して「あたかも」という感覚を見失わないことが重要である。クライエントが対人関係で悩み、苦しんでいるときに、相手の苦しみをあたかも自分のもののように感じとることが必要であるが、決して自分の苦しみと一緒にしてはならないのだ。

　⑥の条件は、カウンセラーがクライエントに対して、無条件の積極的関心を体験し、クライエントの私的世界をあたかも自分のものであるかのように体験している（共感的理解）ことを、クライエント側に最低限知覚していることについて示すことである。クライエントが、「カウンセラーが私のことを知ろうとしてくれている、認めてくれている」と感じられることが⑥の条件である。

　これらの6条件においてロジャーズが主張したかったことは、カウンセリングがうまくいくかどうかを決めるための要因の1つが、カウンセラーであり、クライエントであるということだろう。クライエント中心療法では、精神分析における自由連想法や、行動療法における種々の技法のような技法を用いることは強調されていない。どのような技法を用いてもかまわないし、むしろ技法については、クライエントの成長を促すためのチャンネルに過ぎないとロジャーズ自身は考えていたと言われている。どのチャンネルを使ってもかまわないのである。

　クライエント中心療法で示されているのは、クライエントの成長を促進するためのカウンセラーの基本姿勢のみであるため、純粋性（ありのままの自己を受容し、自然のままの自己をクライエントに提示できること）、受容（ありのままの相手を受容すること、相手がどんな人であろうが積極的な関心を示すこと）、共感的理解（あたかもクライエント自身であるかのように、クライエントの私的世界を体験し、その体験したことをクライエントに伝えること）のカウンセラーの3つの条件が達成されるのならば、ロジャーズはどのような技法を使うことも認めている。

　また、精神分析は権威者であるセラピストが患者を治療するという医療的なモデルに基づいていたのに対して、クライエント中心療法では、カウンセラーはクライエントの症状を軽減するための援助者に過ぎない。この点において、クライエント中心療法が、今日の心理臨床の枠組み作りに大きく貢献したことがわかるだろう。

第10章
行動療法・認知行動療法

　本章では、行動療法と認知行動療法を取り上げる。行動療法とは、1910 年代に始まったワトソンによる行動主義心理学と、1920 年代に始まったパブロフの古典的条件づけに始まる学習理論とが基礎となった心理療法である。認知行動療法とは、行動療法と 1970 年にベックによって始まった認知療法に起源をもつ心理療法である。時代の流れのなかで心理療法がどのように変化してきたのかを見ることは大変興味深い。最近では、認知行動療法がさらに発展し、マインドフルネス療法、スキーマ療法など次々に新しい心理療法が提唱されている。

10.1 行動療法とは

　行動療法には、精神分析やクライエント中心療法のような創始者はいない。1950 年頃から行われた、行動主義や学習理論に基づいた心理的介入法をまとめて行動療法とよんでいる。たとえば、アメリカの心理学者であるスキナーはオペラント条件づけで有名であるが、オペラント条件づけを臨床的に応用した応用行動分析の創始者としてもよく知られる。また、南アフリカの精神科医であったウォルピは、神経症の研究を行い、その治療に古典的条件づけの概念を導入した系統的脱感作法を確立させたことで有名である。

　このように行動療法は、さまざまな臨床家による行動療法の理論や技法の総称であるため、一言で特徴を説明するのは難しいが、それらの大まかな特徴については次のようにまとめられる(杉原ら，2003)。

① 心理学研究から広く派生した学習原理を応用している
② 精神分析で強調される伝統的な医学モデルの否定
③ 処遇適性効果性についての実証的評価の重視

　行動療法では、現在生じている問題（行動）は過去のトラウマの結果生じたものではなく、現在に問題を生じさせる原因があると考える。そのため、まず、問題となる行動の分析を行い、問題となる行動に先立つ刺激（先行刺激）や問題行動を継続させる要因（強化刺激）を現在の環境のなかから特定することから始める。問題行動に関わる要因が特定できたら、問題行動をターゲットとして、問題行動を生起させる刺激や持続させている刺激を取り除く。あるいは、問題行動の代わりに、より適応的な新しい行動を再学習させるなどの操作を行い、ターゲットとなる問題行動がどの程度変化したのかについても評価を行う。この際に使用される技法はもちろん、心理学の基礎研究に基づいた技法となる。

　たとえば、始業ベルがなっているのに着席していない学生が多く、授業の開始が遅れる場合を考えてみよう。この場合、ターゲットとなるのは、「着席していない」という行動になる。まず、始業ベルが鳴ったときに、着席していない学生の人数を記録する（ベースライン）。そして、ターゲットである「着席していない」行動を減少させるための操作を行う。たとえば、ベルが鳴る前に着席している学生には、「成績に3点の評価を加える」ことを学生に伝える。その操作後に、始業ベルが鳴ったときに着席していない学生の人数を調べると、ベースラインに比べて大幅に人数が減少していたことがわかれば、この操作は問題行動を減らすために有効であったことがわかる。

　また、この操作によって目的とする行動が増加する学生と、そうでない学生とが存在するかもしれない。このように、学生によって、その操作の効果が異なることを、処遇適正効果とよぶ。行動療法では、処遇適正効果についても実証的な研究を行い、研究データに基づいて介入を行うことが重視されるのだ。

10.2 行動療法のおもな技法

　行動療法では、精神分析のように核となる技法が存在するわけではなく、患者の症状に合わせた治療技法を用いる。さまざまな技法があるが、そのなかでも重要なものをあげておこう。

（1）系統的脱感作法

　系統的脱感作は、神経症などの不安症状の治療に用いられることが多い。まず、リラクセーション訓練を行い、患者が自らリラクセーション状態を作り出すことを練習する。それと同時に、患者の不安を階層にまとめた表を作成して患者に提示する(表10-1)。これは、リラクセーション状態にある患者に不安刺激を反復提示することによって、不安反応はリラクセーション状態によって軽減され、消去されるという理論に基づく技法である。

表10-1　蜘蛛恐怖患者の不安階層表の例

		苦痛度
1	蜘蛛を直接触る	100
2	道具を用いて蜘蛛に触る	90
3	蜘蛛を近くで直接観察する	80
4	ガラス越しに蜘蛛を見る	70
5	蜘蛛の写真に触る	60
6	蜘蛛の写真を見る	50
7	蜘蛛をイメージする	40
8	蜘蛛のイラストを見る	30
9	蜘蛛という字を見る	20
10	糸を見る	10

（2）エクスポージャー法（曝露法）

　不安反応を生じさせるような刺激に持続的に直面させることで、不安反応自体を軽減させる方法であり、刺激に持続的に直面することにより、条件づ

けられた不安反応が減弱するという理論に基づく技法である。つまりは、「蜘蛛」が苦手な人が、毎日のように「蜘蛛」を見ているうちに慣れが生じて、あまり不安を感じなくなるのと同じ原理である。

（3）曝露反応妨害法

　強迫性障害などに用いられる技法であり、エクスポージャー法を行った際に、不安を減弱させるために行う強迫行為を行わせないようにするという技法である。たとえば、トイレに行った後に手を洗ったが、洗っても、洗ってもまだバイ菌が手についている気がして、ひどいときは30分以上も手を洗っている。なかなか手を洗うのをやめられないといった洗浄に関する強迫行為の治療の場合であれば、トイレに行った後、強迫性障害ではない人と同じ程度だけ手を洗った後は、強制的に手洗いをやめさせて（反応妨害）、「手を洗いたい」という強迫観念にじっと耐えながら強迫観念が時間とともに弱くなっていくのを体験させる。

（4）モデリング

　モデル行動を患者に観察させた後に、それと同じように行動させるという学習理論の模倣学習が基になっている技法である。モデル行動の提示は、ビデオや絵などを用いる場合もあれば、実際に治療者がやってみせる場合もある。グループ場面では、他の患者ができていることをまねして自分もやってみるという適応的な行動のモデリングもあれば、他の患者の不適切な行動をモデリングしてしまうこともある。

10.3　認知行動療法とは

　認知行動療法という名前を最近よく聞くことがあるかもしれない。しかしこの名称については、多少混乱して使用されている。たとえば、ある研究者は以下に述べる認知療法と行動療法を合わせたものを認知行動療法とよぶが、別の研究者は行動療法のことを指して認知行動療法とよんでいる。認知行動療法とは何か、またどこまでを指して認知行動療法とよぶのかについてはさ

まざまな議論はあるが、ここでは、行動療法と認知療法を合せたものを認知行動療法とした立場から解説したい。

（1）認知療法

　認知行動療法とは、行動療法と認知療法を合わせた心理療法であることはすでに述べた。では、認知療法とはどのような心理療法だろうか。

　認知療法はベックによって創始された心理療法である。精神科医として精神分析のトレーニングを受けたベックは、治療のために精神分析を用いるなかで、患者が自動的に現れる思考（自動思考）を持つことに気づいた。しかも、その自動思考には一定の特徴がある。たとえば、同じうつ病の患者であれば、「自己に対する否定的な見方（私にはよいところがない）」「世界に対する否定的な見方（人生はつらいことばかりで耐え難い）」「未来に対する否定的な見方（この先の人生も同じだ）」のように、うつ病の患者はみな同じような自己・世界・未来に対する否定的な自動思考をもっていたのだ。加えて、認知のゆがみも存在していた。これらの自己・世界・未来に対する特徴的な自動思考や認知のゆがみこそがうつ病の症状を生み出していると考え、それらをターゲットとした心理療法を体系化した。これが認知療法である。

　認知療法を実施する際は、治療者はまずは患者に対して徹底的にアセスメントを行う。どんなときにどんな症状が生じるのか、そしてそれはどんな結果を引き起こすのかなどを調べ、そこから治療の目標を決めて、患者の思考様式や行動様式に関する仮説を立て、介入の方法を検討する。このような治療の進め方は、客観性を重視した行動療法の影響を受けているとも考えられる。

　認知療法では、適応的ではない自動思考が治療のターゲットとなる。問題の場面に生じる自動思考が問題行動に対してどのような影響を与えているかを調べ、適応的ではない自動思考を修正するための技法である認知再構成法を用いる。思考記録表を作成して、治療者と患者とが一緒に自動思考を見直すのだ。

　たとえば、テストで実力が出せずに、落第点を取ってしまった状況を考えてみたい。「自分は頭が悪い」「こんなに勉強ができないのであれば、留年する

かもしれないし、国家試験にだって受からないに決まっている」「なんでこんなにバカなんだろう！」「苦労してお金を出して大学に行かせてくれている両親に申し訳ない」といった自動思考が浮かぶかもしれない。そのような自動思考が頭に浮かべば、不安や落ち込み、怒り、悲しみなどの感情が生じるだろう。

表 10-2　認知再構成法の例

状　況	自動思考	気持ち(%)
テストが返却され、合格点に届かなかった自分の点数を見たとき	「自分は頭が悪い」「こんなに勉強ができないのであれば、留年するかもしれないし、国家試験にだって受からないに決まっている」「なんでこんなにバカなんだろう！」「苦労してお金を出して大学に行かせてくれている両親に申し訳ない」	落ち込み (80%) 不安 (80%) 怒り (90%) 悲しい (70%)

	「自分は頭が悪いと思い込んでいたが、他の科目の点数はよかった」「留年すると思い込んでいたが、他の科目で落としたものはないので、冷静に考えると留年する心配はない」「両親は別に悲しまなかった」「この科目のテストが悪かったことで、少し怠けていた自分に気合が入った」	落ち込み (40%) 不安 (40%) やる気 (70%)

　認知療法では、これらの自動思考に対して、自動思考が本当に妥当であるのかについて検討する作業を行う。テストで実力が出せなかったのは、本当に頭が悪いせいであるのか？　自分と同じクラスの人でテストで落第点を取った人は他にいないのか？　他の科目の成績はどうか？　良い得点を取った科目は 1 つもないのか？などのように、「自分は頭が悪い」という自動思考をさまざまな視点から検証してみる。そのような作業を通して、「自分は頭が悪いと思い込んでいたが、他の科目の点数はよかった」「留年すると思い込んでいたが、他の科目で落としたものはないので、冷静に考えると留年する心配

はない」「両親にテストのことを話したが、『じゃあ、これを機に気合を入れてがんばりなさい』と励まされた。両親は別に悲しまなかった」「この科目のテストが悪かったことで、少し怠けていた自分に気合が入った」といった新しい自動思考が浮かぶことになれば、感情は落ち着き、落ち込みや不安、悲しみも少なくなるのだ（表10-2）。

　このように認知療法では、否定的に偏っていたり、極端すぎるなどの特徴をもつ自動思考が、問題となる行動（感情）を生じさせると考え、それらの自動思考を客観的に検討することによって症状の変容を目指すのだ。1979 年にベックが「うつ病の認知療法」によってうつ病の治療のための認知療法のマニュアルを発表して以来、その治療対象は不安障害、摂食障害などに広がり、現在では統合失調症、パーソナリティ障害、慢性疼痛、睡眠障害などさまざまな領域で治療に用いられるようになっている。

（2）認知行動療法

　認知行動療法とは何かについては、前述のとおりさまざまな立場がある。行動療法の立場から、認知的変数を加えて行動療法を拡大したものもあれば、認知療法の立場から、認知療法に行動的技法を加えて拡大したものもある。ここでは、幅広く、理論や技法が認知療法と行動療法の両方から構成される心理療法を認知行動療法とよぶ。

　認知行動療法における治療では、行動療法や認知療法と同様に、患者や患者を取り巻く環境のアセスメントを十分に行い、行動的あるいは認知的な技法を用いて問題となる行動や感情の変容のために必要な介入が行われる。そして、その治療の効果を評価し、続く介入でどのような技法を用いるのかを検討するのが基本的な流れである。

　このようにアセスメントや治療の効果測定などを十分に行うという特徴は、行動療法の流れを汲むところが大きいだろう。技法については、うつ病や不安障害といった診断に合った技法の選択が求められる。その診断や症状に応じて、あるいは問題に応じて、認知療法の流れを汲む認知的技法と、行動療法の流れを汲む行動的技法の両方をうまく組み合わせて使用される。

　認知行動療法の事例を次に紹介したい。

　これは、著者がカウンセラーとして関わった、大うつ病を患っていた A さん（30 代）の事例である。医師の紹介でお会いした A さんは、他人に対しては自信のない控えめな感じで接するが、自分自身を批判するときには、かなり攻撃的でその口調も激しい人であった。そのギャップに驚いたというのが最初にお会いしたときの印象であった。

　面接の初期に、A さんを取り巻く状況のアセスメントを実施した。その結果、うつの症状により朝起きることができないと、「妻に養ってもらっている自分はお荷物だ」のような、自分を責める思考が浮かび、気分が落ち込む。結局、落ち込みのために、一日鬱々と部屋の中で過ごすため、ぐっすりと眠れなくなり、翌日また朝起きることができないという、悪循環に陥っていることがわかった。そこで面接では、何が問題で、どうしたらよいのかを A さんと一緒に話し合った。そして、①この悪循環を断ち切るために、生活リズムを整えること、②自分を責めすぎると、結局落ち込んで悪循環に陥るので、自分を責めすぎない思考を見つけること、などを目標に治療に取り組むことに決めた。

　治療目標が決まったら次は、技法を用いた介入である。目標①については、毎日自分が何時に何をして、そのときにどんな気分だったのかについて行動記録表をつけてもらうことで、A さんの行動とそのときの気分を客観的に捉えることを目指した。

　「自分は寝てばかりで毎日何もしていない」と訴える A さんであったが、意外に家事を手伝っていたことが行動記録表から明らかとなった。また、平日は気分の落ち込みがひどいものの、週末はそこまででもないことにも気づいた。これは、「平日に家にいて何もしていない男性は、人間として失格と周囲から思われるのではないか」という思考による影響であることが理解できた。そして、たとえ気分が落ち込んでいても、動こうと思えば、決められた活動を行うことができることなども確認された。

　目標②については、つねに自分を罵倒することがクセになっていた A さんにとって、自分を責めすぎないというのは理解が難しかったようである。認知再構成法を実施しても、すぐに自分を責める思考に押しつぶされてしまう

状態であった(表10-3)。そこで、認知再構成法を導入するよりも、目の前のことに集中し、自分を責めすぎる思考以外の思考の時間を増やすように話し合った。気晴らしのために外出することをやってみた結果、「外出してみて、楽しいという感じではなかったが、別に絶望という感じでもなかった。自分を責めるような考えが浮かんでいない瞬間もあった。」と話していた。その後は、調子がいいときには妻に代わって家事を担当したり、近所のコンビニまで外出するようになっていった。

表10-3　Aさんの認知再構成法の様子

状　況	自動思考	気持ち(%)
TVでスーツ姿の男性を見た	「友人はちゃんと仕事をしている。自分はいい歳して何をしてるんだ」 「いつまで妻に養ってもらう気だ！」 「本当に自分は情けないダメ人間だ」 「苦労してお金を出して大学に行かせてくれた両親に申し訳ない」	落ち込み (80%) 不安 (80%) 怒り (90%) 悲しい (70%)

Aさんの事例でわかるように、治療の目標を設定したら、その目標に合わせた技法を選択し、実施する。しかし、選択した技法ではうまく効果が現れないときには別の技法を選択する、というようにクライエントに合わせて目標設定や技法の選択が行われる。

10.4　認知行動療法と他の心理療法との違い

以上に述べてきたとおり、認知行動療法は行動療法と認知療法の流れを汲みながら発展してきた心理療法である。もともとデータや客観性を重視するため、精神分析やクライエント中心療法などの他の心理療法に比べ、治療効果についての数多くの比較試験が実施されており、そのデータが蓄積されている。このため、アメリカやイギリスにおける治療ガイドラインでは、推奨される心理療法として認知行動療法が記載されることが多い。

　実際、社交不安障害やパニック障害では、70％以上の人が大きな改善を示すことが報告されており(Anderson, 2016)、この他にも、うつ病などの気分障害、対人関係の問題、慢性疼痛、がん、心臓血管障害や耳鳴りなどの症状にも効果があることが認められている(Butler, *et al.*, 2006)。もちろん、他の心理療法にも治療効果が認められるのは言うまでもない。だが、他の心理療法は、その治療効果を検証する研究数が認知行動療法と比べて絶対的に少ないのだ。

　他の心理療法との違いは、治療方法にも見られる。セラピストとクライエントが対面式で面接を行うことが主流である他の心理療法に比べて、認知行動療法では、集団で実施することも多い。表 10-4 は、ある病院で実施されているうつ病休職者を対象とした職場復帰支援プログラムの内容である。

表 10 - 4　集団認知行動療法のプログラム例　(秋山・大野, 2008)

セッション回	内　容	介入の焦点
プレセッション	認知行動療法を知ろう　〜考え方のクセを知るテスト〜	認知面
第 1 回	考え方のクセを知ろう　〜うつの思考 10 パターンとは〜	認知面
第 2 回	気分に注目しよう　〜状況・気分・自動思考の関連〜	認知面
第 3 回	バランスのよい考え方をしよう　〜自動思考記録表の解説〜	認知面
第 4 回	自分の自動思考記録表をつけてみよう　〜自動思考記録表の作成〜	認知面
第 5 回	日々の暮らし方を振り返ってみよう　〜日常活動記録表の分析〜	行動面
第 6 回	問題解決能力を高めよう　〜問題解決策リスト、アクションプランの作成〜	行動面
第 7 回	自分を伝え相手の気持ちを知ろう1　〜アサーショントレーニング〜	コミュニケーション面
第 8 回	自分を伝え相手の気持ちを知ろう2　〜アサーショントレーニング〜	コミュニケーション面

　このような集団式の認知行動療法は心理士や看護師などがリーダを務め、十名前後のグループを対象に行われることが多い。集団式の認知行動療法の利点としては、自分一人の目ではなく、グループに参加した他の人の視点からも認知のゆがみを見つけ、それを修正できる点があげられる(秋山・大野, 2008)。集団式の認知行動療法は、治療者側にとっては、時間と労力を抑えられる利点があり、患者側にとっては、他の人の視点から自分の認知を検討で

きたり、一緒に課題に取り組む仲間ができるという利点があるだろう。

　この他にも、書籍やインターネットを用いて自学自習形式で認知行動療法を行うことも可能である。しかも、書籍やインターネット上での認知行動療法にも十分な治療効果が認められている。認知行動療法を受けたいが、周りに受けられるところがない、あるいはセラピストと対面で会うのに抵抗があるという場合には、市販されている書籍や、インターネット上のプログラムを用いて、自分で認知行動療法に取り組むというのもよいだろう。

10.5　新世代の認知行動療法

　最近では、第一世代を行動療法、第二世代を認知行動療法とした場合に、第三世代の認知行動療法とよばれる新しい心理療法も多くみられる。第三世代の認知行動療法の特徴の 1 つは、マインドフルネスを導入したことにある。うつ病の再発防止を目的に作成されたプログラムであるマインドフルネスでは、仏教や禅の流れを汲む瞑想を通して、いまこの瞬間の身体感覚、感情、思考への気づきを促すことが行われる。最近、テレビや雑誌でもよく取り上げられるので聞いたことがある人もいるかもしれない。個人的に心の問題を解決するためにマインドフルネス瞑想に取り組むだけではなく、企業が社員のために導入する事例もあるそうだ。

　他にも、パーソナリティ障害を対象とした治療法であるスキーマ療法は、認知行動療法に加えて、愛着理論やゲシュタルト療法、対象関係論などさまざまな理論を統合した治療法として体系化されている。

　以上のように、行動療法に始まった認知行動療法は、いまでもまだ発展を続けている。人を取り巻く環境や状況はつねに変化していくが、心理療法もそれに合わせて変化し続けるのかもしれない。

第11章

さまざまなこころの様相
─抑うつ

　この章では、抑うつについて学ぶ。抑うつは、日常的には落ち込みという言葉で表される。どうしても自分の思うとおりにいかないときには誰でも落ち込むことがあるだろう。A さんの例で落ち込みについて考えてみよう。

＜A さんの場合＞

「大学に入学し、初めての試験を受けました。これまで高校ではあまり勉強しなくても点数が取れたので、大丈夫だろうと思って試験に臨みました。でも、試験問題の難しさにショックを受けました。しかも、友人の会話を聞くと、他の人にとって試験問題は簡単だったようです。その日は、ひどく落ち込み、誰とも話したくないと思ったので、友人に声をかけずに一人で帰宅しました。」

　誰もが、A さんのような落ち込みを経験したことがあるだろう。たいていの場合、数日は落ち込むが、そのうち落ち込みも和らぎ、その後は普通の生活に戻ることが多い。
　では、次の B さんのケースはどうだろうか。

＜B さんの場合＞

「うちは医者の家系です。祖父母も両親も兄弟もみな医者なのです。私もずっと医者になるものだと思っていました。しかし、医学部には合格できませ

んでした。滑り止めで受けた学部は医学部ではありませんでしたが、友達を
つくり、大学生活を楽しもうと気持ちを切り替えたつもりでいました。しか
し、入学して授業が始まってから徐々に落ち込み始めました。授業中にわか
らない問題がでてくると、『こんな問題も解けないなら、医学部に落ちて当然
だ』、『自分は一族の恥さらしだ』とどうしても自分を責めてしまうのです。入
学前には新しい環境で心機一転頑張ろうと思っていたのにも関わらず、前期
の授業が始まってからは落ち込みがひどくなり、毎日ほとんど家で寝ていま
す。もちろん大学にはほとんど通うことができない状態です。」

　B さんの落ち込みの程度はかなり深刻な様子である。このように、落ち込み
といってもその深刻度はさまざまである。落ち込みはその程度によって、「抑
うつ気分」「抑うつ症状」「うつ病」に分類することができる(坂本, 2005)。

① 抑うつ気分

　気分の落ち込みのことであり、一次的なものから数週間程度持続するもの
まである。A さんの例のように、日常的に誰もが経験するものであり、抑うつ
気分のみでは治療や介入の対象とはならない。

② 抑うつ症状

　抑うつ気分とともに生じる身体症状などの他の症状を合わせたものである。
抑うつ気分とともに、興味の喪失、注意散漫、焦燥感、疲れやすさ、睡眠障害、
過食や食欲不振、性欲の減退などが生じることを指す。

③ うつ病

　後に詳細に説明するが、抑うつ気分が一定期間 (2 週間以上) 持続し、かつ、
抑うつ症状をともなうなどの場合には、うつ病と診断される。B さんの例はう
つ病と診断される可能性がある。うつ病かどうかの診断には、アメリカ精神
医学会が作成した DSM-5 (Diagnostic and Statistical Manual of Mental Disorders,
Fifth Edition ; American Psychiatric Association, 2013) や、WHO が作成した ICD-
11 (International Classification of Diseases, Eleventh Edition ; World Health
Organization, 2018) などの診断基準を用いることが多い。

　この章では、深刻な落ち込みであるうつ病を取り上げ、うつ病とはどのような病気であるのか、そしてどのような支援が必要であるのかについて説明する。

11.1　うつ病とは

　DSM-5 によると、うつ病とは「抑うつ気分」や「活動への興味・喜びの減退」を中心とした 9 つの症状が 2 週間持続する病である(表 3-2 参照)。うつ病と同じ症状があっても、「力がみなぎる感じがあり、なんでもできると感じる」（自尊心の肥大）や「ほとんど寝なくても平気で活動できる」（睡眠欲求の減少）などの症状がある場合には、躁うつ病（双極性障害）とよばれ、うつ病とは区別される。

　うつ病はよく「こころの風邪」と称され、身近なこころの問題というイメージをもつ人も多いだろう。図 11-1 は、厚生労働省による患者調査をもとにうつ病患者（躁うつ病を含む気分障害）の外来患者数と入院患者数の推移を表したものである。これを見ると、うつ病が増加傾向にあるということがわかる。

　ところで、一体どれくらいの人がうつ病に罹患するのだろうか。世界的に見ると、過去 1 年間にうつ病に罹った人（12 カ月有病率）は 1〜8％であり、生まれてからこれまでにうつ病に罹ったことのある人（生涯有病率）は 3〜16％と報告されている。日本の場合は、12 カ月有病率は 1〜2％、生涯有病率は 3〜 7 ％と報告されている。日本は他国に比べてうつ病の罹患率が多少低いことや、特に中高年での頻度が高いことが指摘されている(川上, 2006)。研究によってうつ病の罹患率には違いがあるために一概には言えないが、大体 10〜15％の人が一生のうち一度はうつ病に罹患するようだ。

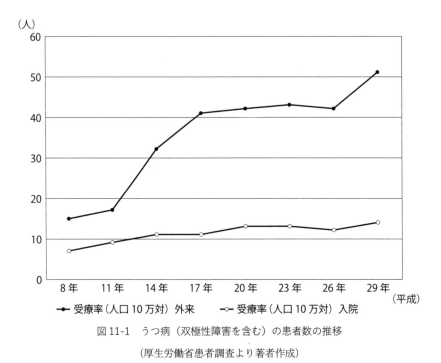

図 11-1　うつ病（双極性障害を含む）の患者数の推移
（厚生労働省患者調査より著者作成）

11.2　うつ病の原因

　他のこころの病気と同じように、うつ病の原因については未だすべて解明
されたわけではない。真面目で責任感が強く、几帳面であるパーソナリティ
がうつ病発症に関わるとされるが、それだけではなく、ある出来事や、過酷な
環境などがきっかけとなってうつ病を発症する人もいる。たとえば、労災認
定された過労自殺を調べた結果、その 90％にうつ病エピソードが認められた
ことが報告されている(黒木, 2008)。

　しかし、パーソナリティや環境要因など、まったく思い当たる原因がない
にも関わらずうつ病になる場合もある。1960 年代ごろより研究が進められて
きた結果、ノルアドレナリンやセロトニンなどの脳内の神経伝達物質や、視
床下部―下垂体―副腎皮質ループの統制の混乱などがうつ病に関係してい
ることが指摘されている。しかし、その機序は十分に解明されているわけで

はなく、まだうつ病の原因についてはわからないことも多い(下山, 2016)。

11.3 うつ病の症状

うつ病の症状は、大まかに「気分」「行動」「思考」「身体」の4つに分類される。

気分の症状：落ち込み、悲しみ、不安、イライラ、など
行動の症状：興味や関心の喪失、意欲の低下、焦燥感、集中の持続困難、など
思考の症状：悲観的な考え方、自責、自殺念慮、など
身体の症状：だるさ、疲れやすい、頭痛、肩こり、胃部不快感、食欲の低下、性欲の減退、口喝、など

どの症状が出現するのかについては個人差がある。人によっては、身体症状が中心であったために最初はうつ病と気がつかなかったというケースもある。

これらの症状に加えて、うつ病が重症化した場合には妄想が認められる場合もある。貧困妄想や罪業妄想などである。貧困妄想とは、自分にはお金がないと思い込むことである。実際には会社の重役であり、十分な財産を持っているのにも関わらず、「自分にはもうお金がないので、家族を養うことができない」と絶望する場合などがあげられる。罪業妄想とは、実際には何も罪を犯していないのにもかかわらず「自分は過ちを犯してしまったので、生きていられない」のように思い込むことである。しかもこれらは妄想であるため、周囲の人が貧困妄想や罪業妄想の内容は現実とは異なると、通帳を見せたり、説得したとしても、訂正するのが難しいのだ。これらの妄想をもつことでさらに落ち込みがひどくなり、希死念慮や自殺念慮に至る場合もある。希死念慮や自殺念慮は、うつ病の症状のなかでももっとも注意すべき症状の1つであると言える。

うつ病の症状のなかには、周囲から見てもわかるものもある。厚生労働省「地域におけるうつ対策検討会によるうつ対応マニュアル」(2004)によると、

家族がうつ病に気づくときのサインとして、「いつもよりも表情が暗く口数が少なくなった」「朝方や休日明けに調子が悪そうだ」「遅刻、早退、欠勤が増える」「好きだったことに興味を示さなくなる」「食欲がなくなる」「急にずぼらになったように見える」「だるさを訴える」などがあげられている。本人のいつもと違う様子に周囲が気づくことが、うつ病への早期介入につながる重要なポイントとなるのだ。

11.4　うつ病への支援

　うつ病の治療法にはどのようなものがあるのだろうか。うつ病と診断されると、まずは休息するように言われるだろう。身体はもちろんであるが、心を休ませることが重要なのだ。会社や学校などがどうしても休めない場合には、いつもよりも仕事量や勉強量を減らしてペースを落とすことが必要である。

　続いて、薬物療法が必要な場合には、抗うつ薬が用いられる。最近では SSRI（セロトニン再取り込み阻害剤）や SNRI（セロトニンノルアドレナリン再取り込み阻害剤）が用いられることが多いようだ。しかし、薬物の効果や副作用には個人差があるために、一概にこれを飲めばよいという薬はなく、個人個人の症状や状態に合わせて薬の調整が必要となる。

　薬物療法と合わせて用いられるのが、環境調整や心理療法である。特に、パーソナリティや環境要因がうつ病の発症に関わっている場合には、休息をとり、環境調整を行うことで症状の緩和が期待されるだろう。ある男性は、管理職に昇進し、クレーム処理を行う部署に異動したが、それまでに経験したことのないクレーム処理という仕事に慣れないなかで管理職として部署をまとめなければならずに徐々に仕事をうまくこなせなくなり、うつ病を発症した。このような場合には、仕事内容に慣れている移動前の部署への再異動をすることによって症状が緩和されるかもしれない。

　うつ病の治療に有効であるとされる心理療法には、認知行動療法（第 10 章参照）や対人関係療法などがある。秋山(2009)は、うつ病のモデル（図 11-2）を示しているが、脳の機能低下に対処するために必要なのが薬物療法であり、ものの見方が否定的になることへの対処のために必要なのが認知行動療法な

どの心理療法であると説明している。認知行動療法は、うつ病で休職した人が復職する際のリワークプログラムにも取り入れられている。うつ病のリワークプログラムとは、うつ病患者を対象とした、社会適応改善のためのプログラムであり、復職の準備性を高め、再発予防のセルフケアを目指すものである。

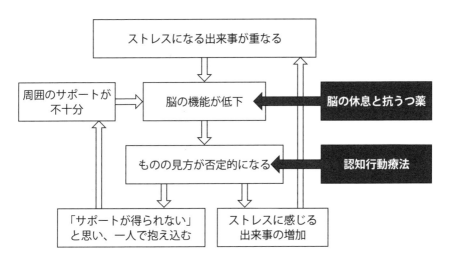

図 11-2　うつ病における悪循環への対応

秋山ら(2009)を一部改変

第12章
さまざまなこころの様相
―不安

　1週間後、自分の人生を決める大事な試験があるとしたら、あなたはどんな気持ちでこの1週間を過ごすだろうか。誰もが、「もしこの試験に合格しなかったらどうしよう」と不安に思い、焦りで勉強が手につかなくなるだろう。この章では、誰もが日常で感じる不安について学ぶ。

12.1　不安とは

　「不安」はごく一部の限られた人しか経験しないものではなく、誰もが当たり前のように経験するものである。「試合でミスしたらどうしよう」「みんなの前で発表しなければならないけど、大丈夫かな」などのように、不安とは、近い将来自分にとって脅威となることが起こるだろうという予期である。そして、不安を感じるとさまざまな変化（症状）が生じる。

認知面での変化：「怖い」「気が狂いそう」「どうにかなってしまいそう」
　　などと考えること
行動面での変化：落ち着かない、不安の対象を回避する、考え込む、など
生理面での変化：血圧の変動、胃の充血、腸運動の亢進、白血球の増加、
　　血糖値の上昇、副腎皮質ホルモンの変動、など
身体面での変化：腹痛、下痢、肩こり、発汗、息切れ、口渇、頻脈、など

　不安はよく恐怖と対比される。恐怖とは、「切迫した脅威への感情的な反応」とされ、恐怖の対象が現実的な脅威である場合もあれば、想像上の脅威である場合もある。一方不安は、未来の脅威への予期であるために、不安によって生じる生理的変化や行動的変化はまだ生じていない脅威への警戒や脅威の回避に関連する。

　不安が高まると、落ち着かず、つらく苦しい思いをするかもしれない。だが、不安は私たちが行動を遂行するのを助けてくれる。テスト前の様子で考えてみよう。

　大学に入って初めてのテストということもあり、A さんはテストを受けることをとても不安に感じていた。「他の人はもっと勉強をしているかもしれない」「テストで落第点を取ってしまったらどうしよう」と思い、とにかく一生懸命テスト勉強をした。

　同じテストを受ける B さんは少し様子が違った。大学入学後初めてのテストではあったが、「なんとかなるだろう」と気楽に考え、あまり勉強はしなかった。明日テストであるというのに、マンガを読みのんびり過ごしていた。この 2 人のテスト前の様子を分けるのは、不安の存在だ。ある程度の不安があるからこそ、A さんは一生懸命勉強し、B さんはあまり不安を感じなかったために、勉強しなかった。不安の存在が、勉強するという行動を生起させたのだ。適度な不安は、私たちにとってある程度有益である。

　しかし、次の C さんの場合はどうだろうか。C さんも A さんや B さんと同じように、大学での初めてのテストを受ける。C さんが教科書を開いて勉強しようとすると、「テストで落第点を取ってしまったらどうしよう」「単位を落としてしまうかもしれない、もしかすると留年してしまうかもしれない、どうしよう」と不安が強くなり、教科書を読んでもまったく内容が頭に入ってこない。このため焦りで集中できずに、さらに不安になっていった。C さんのように、強すぎる不安はパフォーマンスを低下させる。

12.2 不安障害

　C さんに見られたような強すぎる不安と関係するこころの問題を紹介しよう。不安は誰もがもつものであり、パフォーマンスに影響を与える。ある程度の不安は行動を促進させるが、不安が強すぎる場合にはさまざまな問題が生じる。不安と関連するこころの問題のなかでも、ここでは社交不安障害を説明しよう。

（1）社交不安障害とは
＜D さんの場合＞

　「数日前から喉の調子が悪かったためか、国語の授業中、みんなの前で教科書を音読していた私の声は裏返ってしまいました。それを聞いたクラスメイトは大爆笑でした。私もそのときは笑ってごまかしたのですが、本当はとても恥ずかしく思っていました。しかも、放課後に廊下を歩いていたクラスメイトが『さっきの授業で・・・』と話しているのをたまたま聞いてしまいました。内容はよく聞こえませんでしたが、私の声のことを話していたのではないかと思い、とてもショックを受けました。声が裏返ったり、声が震えたりするとみんなに変な人と思われるのではないかと怖くなりました。それ以来、私は人前で音読することが苦痛です。また声が裏返ったり震えたりするのではないかと不安で、国語や英語などの授業で自分に音読の順番が回ってきそうな日の前日は眠れなくなりました。突然指名されて教科書を読まなければならなくなったときには、みんなにあまり聞こえないように小さな声で早口で読むことにしています。音読なんて誰でもできることなのに、それすら怖くてできない自分は普通じゃない、どこかおかしいと思ったりします。」

　D さんは、社交不安障害である。社交不安障害は、社会恐怖や社会不安障害ともよばれるもっともよく見られる不安障害の１つである。「社交」と名前についていることからわかるように、人と交わる場面において、赤面、震え、発汗、言葉に詰まる、凝視、などの振る舞いに強い不安を感じる（DSM-5, 2013）。従って、以下のような場面は、社交不安障害の人にとってもっとも苦手でできれば避けたい場面となる。

　・あまりよく知らない人と会話したり、電話をかける

　・人に対して自分の意見や主張を述べる

　・人前で飲食する、文字を書く、声を出す

　社交不安障害の生涯有病率は 12％と言われ、他の不安障害と比べても高い。13 歳頃に発症することが多く、患者の 75％が 8〜15 歳で発症していることからわかるように、人生の早い段階で発症するようだ。しかし、半数程度の人しか治療を求めないか、発症から 10 年以上たってから治療を求めることも多いと言われる。

　それは、D さんの例でわかるように、苦手な場面を避ければ何とか生活できるからだろう。しかし、そのために D さんは国語や英語の授業に参加できなくなってしまった。このままでは、将来就職するときも、人前で話す機会があるような仕事に就くことができないだろう。このように、社交不安障害を治療しないままにしておくと、日常生活や社会生活の質が低下し、仕事や学業に影響をおよぼすと考えられる(朝倉, 2015)。

（2）社交不安障害のモデル

　では次に、社交不安障害がどのように発症するのかについて考えてみたい。社交不安障害のモデルはいくつか存在する。ここでは、Clark & Wells(1995)のモデルを紹介しよう（図 12-1）。

　彼らのモデルは臨床での観察と研究に基づいて作成されたものだ。彼らによれば、社交不安障害は「他者によい印象を与えたい、認めてもらいたい。しかし、それができないかもしれない」と考えるところから始まる。自分の能力について自信がもてないのは、実際の能力が劣っているというよりは、自分についての否定的な信念をもっていることが影響している。「自分は能力がない」という否定的な信念をもつために、「他者がすばらしいと評価するような発表が自分にはできないだろう」と考えてしまう。「私は退屈な人間だ」という信念をもつことで「黙っていると相手が退屈してしまうので、会話を盛り上げなければならないが、自分にはそれができないのではないか」と考えてしまうのだ。

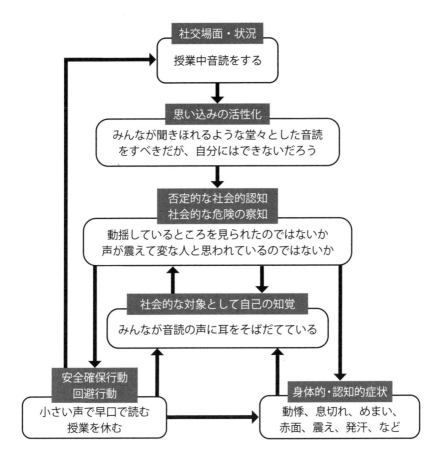

図 12-1　Clark & Wells(1995)の社交不安障害のモデル

　D さんの場合は、「音読くらいで動揺せずに、簡単にこなせるとみんなに思われたい。でも実際には、声が裏返ったり、声が震えたりして、緊張し、動揺している様子をみんなに見られてしまうかもしれない」と考えているのだ。だからこそ、人前で声を出すような場面に遭遇すると、緊張して身体症状が強くなる。動悸が激しくなり、息切れ、めまい、赤面、震え、発汗などがはっきりと自覚できるほどになる。

　実際には、本人が思っているほど、身体症状は他者から見て目立つわけでもないのだが、自分に身体症状が現れていないか、自分の行動が他人からお

かしく見えていないかどうか過剰に身体症状や行動に注意を向け始める。Dさんの場合であれば、自分の声が震えていないかどうかに対して過剰に注意を向ける。そして、みんなが自分の様子を見ている、耳を澄まして自分の声を聞いているという感覚を強めてしまう。これらはさらなる緊張を生じさせ、より一層身体症状を悪化させる。

　実際のところ、他人が音読する様子をいちいち覚えているという人はいないし、声が裏返ることはよくあることなので、それくらいでおかしいと思う人もあまりいないだろう。しかし、Dさんは自分が音読するときには、クラス全員が耳を澄まして自分の声を聞いているように感じ、声の震えが相手にわかってしまうのではないかと恐怖を感じるのだ。そこで、相手に聞こえないような小さな声で発表するのだが、これは、図12-1の「安全確保行動」に相当する。

　安全確保行動とは、恐れている最悪の事態（Dさんの場合は、声が裏返ったり声が震えることを周囲の人がバカにしたり、緊張して動揺している様子をおかしいと思うこと）が起きないように自分が安全だと思うような行動をとることである。声の震えを隠すためにわざと咳き込むことや、のどに力を入れて発声するなども安全確保行動に含まれる。あまりにも苦痛がひどい場合には、授業を休んで声を出す場面を避けることが考えられるが、これは回避行動に当たる。

　このような安全確保行動や回避行動は、苦痛を和らげるために用いられている。だが残念なことに、これらは実際には症状を長引かせることにつながる。それは、自分が恐れている最悪の状況は起きないということを学習する機会を逃してしまうためである。もし、声が裏返ったり、震えたりしたとしても、クラス全員からバカにされたり、頭がおかしいと言われたりすることはほとんどない。本人が気にしているほどには周囲は他人の様子を気にしていないのだ。にも関わらず、安全確保行動や回避行動をとり続けることで、多少声が震えても、声が裏返っても人は気にしないものだということを経験するための貴重な機会を失ってしまう。このような悪循環によって、社交不安障害の症状は維持され続ける。

（3）社交不安障害の治療

　では、社交不安障害はどのように治療されるのだろうか。もちろん、個々の社交不安障害患者の状態に合わせて治療が行われるべきであるが、イギリス国立医療技術評価機構（NICE：National Institute for Health and Clinical Excellence）のガイドラインでは、治療の第一の選択肢として、薬物療法と認知行動療法（第 10 章参照)が提唱されている。一般的に、薬物療法の効果の発現は早く、認知行動療法の効果は長く続くことが指摘されている(朝倉, 2015)。

　薬物療法では、選択的セロトニン再取り込み阻害薬（SSRI）やセロトニン・ノルアドレナリン再取り込み阻害薬（SNRI）などの抗うつ薬が社交不安障害の治療に有効であることが報告されている(Swinson ら, 2006)。

　認知行動療法については、クラークらの研究をもとに社交不安障害の治療のためのマニュアルが作成されている(清水ら, 2016)。マニュアルによると、まず社交不安障害についての心理モデルに沿って、アセスメントが行われる。「不安が生じる場面」、「信念」、「自動思考」、「自己イメージ」、「不安症状」、「安全確保行動・回避行動」のそれぞれについて同定される。「自己イメージ」が同定されたら、ビデオフィードバックを用いて、否定的な自己イメージの修正が行われる。具体的には、自分の不安症状をビデオに録画し、それらを他者の視点から客観的に確認することによって自己イメージを修正する。前述のとおり、不安症状の多くは自分が思うほどにはひどくないものだ。人前で発言すると声が震えると思っていても、ビデオで録画したものを確認してみると、声の震えはほとんど気にならない程度であったということがよくある。録画したものを見ることによって否定的な自己イメージを修正することができる。

　否定的な自己イメージを修正したら、行動実験を行うことも有効である。行動実験とは、安全確保行動や回避行動を行わないままに、自分が苦手とする状況で、発表、会話、書字などを行うことである。これは、安全確保行動や回避行動を用いなくても自分が考えるような破局的な結果は起こらないということを体験する機会となる。表 12-1 のように、行動実験を行う前に、ある状況においてどのような破局的な結果が生じるのかを予測する。

　たとえば、「明日の国語の時間にみんなの前で音読する。震える声で音読し

たら、みんなに笑われ、頭がおかしい人とバカにされる」と予測する。そして、実際にその状況で安全確保行動や回避行動を用いない場合、どのような結果になったのかを体験する。多くの場合、たとえ声をわざと震わせて音読したとしても周囲はそれに気がつかない。実際に授業中に笑った人は誰もいなかったし、授業後に友人に音読中の声のことについて確認したが、ほとんど覚えていないと言われることが多い。このような行動実験を何度も繰り返すことによって、自分が恐れている破局的結果が起きないことを確認する。そうすると徐々に不安症状は治まっていくのだ。

表 12-1 社交不安障害の行動実験リスト

1. 状況	国語の授業中に、急に指名されて、立って教科書を読むことになる
2. 予想	・緊張して、声が震え、顔が真っ赤になる ・クラスメイト達が私の様子を見てクスクス笑ったり、「どこかおかしいよね」と聞こえるように陰口をいう
3. 実験方法	小さな声で早口にしゃべるのをやめて、大きな声でゆっくりとみんなに声の震えが聞こえるように音読し、それを聞いているクラスメイトの様子を観察する
4. 結果	・声の震えが聞こえているはずなのに、私の方を向いたり、笑っているクラスメイトはいなかった ・みんな教科書を見たり、ノートをとっていたり、それまでの様子と変わりなかった
5. 実験から学んだこと	・声が震えているのを聞いても、周囲の人は笑ったりしない ・ただし、今回はたまたまみんなが笑わなかったのかもしれないので、次回英語の授業中にも同じように実験してみるほうがよい

　以上、強い不安の例として社交不安障害について説明してきた。繰り返しになるが、不安をもつこと自体が悪いわけではない。不安のおかげで必要な行動が促進されることもある。社交不安障害は、人から否定的に見られたくないが自信がないという場合に生じる。これも人間として、人に悪く思われたくないというのは至極まっとうな欲求だろう。大切なのは、うまくやりたいができないかもしれないことに不安になり、緊張していて、動揺している自分を自然な状態であると受け入れることだろう。もしそんな自分が受け入れられるのであれば、苦痛なほどの不安は生じないかもしれない。

第13章
さまざまなこころの様相
―怒り

　怒りは感情の一種であり、私たちに生得的に備わっているものである。さまざまな定義があるが、一般的に感情とは、刺激に対して生起する反応であり、認知、主観的体験、生理的変化、行動の4つの要素から構成されていると考えられている。実はこの「怒り」は、さまざまな疾患との関連が指摘されている。こころの問題はもちろん、身体疾患とも関連があるとされる怒りについてこの章では学ぶ。

13.1　怒りの種類

　岩満(2019)は、怒りの種類について表13-1のようにまとめている。
　これを見てわかるように、日常的に「ムカつく」「アタマにくる」のように身体感覚として怒りを表現することが多いが、実際に怒りには生理的変化がともなう（表13-2）。これらの生理的変化は、「闘争か逃走か反応」としても知られ、私たち動物が不安・緊張状態になると生じる反応である。
　怒りは感情の1つであるために、怒りを感じること自体は動物としてごく自然なことである。ただし、次の2つの点で怒りをもつことが問題となることがある。1つ目は、怒りは、悲しいなどの他の感情と比べてとても強く感じられるために、それを発散させるための対処行動として攻撃行動をとりやすいという点である。怒りを発散させるために攻撃行動をとる人は、結果とし

て仲間から嫌がられたり拒絶されたりすることが多い。2つ目に、怒りをもちやすい人ほど、さまざまな疾患に罹患しやすいことである。例として、虚血性心疾患などがあげられる。

表13-1 体感表現としての怒りの例

(岩満, 2019を改変)

ムカつく	不機嫌になる程度で、表情でも一瞬の怒りのサインが表れるが、怒りを表出させない意志が働いている
アタマにくる	加熱した「マグマ上昇状態」で怒鳴り声などとして表出され、怒りを抑えることが難しい
キレる	「噴火＝爆発状態」で、心がすべて怒りそのものとなる。怒りに支配された状態

表13-2 怒りにともなう生理的変化の例

(Williams & Barlow, 1998を一部改変)

頭痛、めまい
目のかすみ、充血
口渇
肩こり、首・背部・頭部の疼痛
呼吸促拍
紅潮と発汗
血圧上昇
ふるえ
消化不良や吐気

13.2 怒りと攻撃行動

攻撃行動とは、他者に危害を加えようとする意図的行動(大渕, 1993)と定義される。たまたまぶつかってしまった場合は攻撃行動にはならないが、相手

に危害を加えようとわざとぶつかる場合には攻撃行動と捉えられる。怒りを感じると、「やり返してやろう」という意図が生じやすく、その結果として攻撃行動をとりやすくなると考えられる。実際に、相手から不快なことをされて、カッとなってつい手が出てしまった、という経験がある人は多いかもしれない。

　実は、怒りのために攻撃行動をとることは、生物学的に見ると理にかなっていると考えられる。動物は争うときには必ず威嚇する。そして威嚇することで相手がその場から立ち去ることもあり、この場合には戦わずして欲しいものを手に入れることができる。この威嚇を怒りの表出のための攻撃行動と捉えるならば、これらは少ないコストで目的を達成するための有効な手段と考えられる(宇津木, 2002)。

　だが人間の場合、攻撃行動は多くのものを失う可能性をはらんでいる。ささいなことで攻撃行動をとる人は周囲から嫌がられ、親密な対人関係を築くことは難しいだろう。これを裏づける研究を紹介しよう。約 8 週にわたってほぼ週 1 回集まり遊ぶ小学生の様子を観察した研究では、遊びのなかで他の児童への言語的攻撃や身体的攻撃が多かった児童は、最終的に仲間から拒絶されたことが報告されている(Dodge, 1983)。怒りによる攻撃行動がパートナーや家族に向かえば、ドメスティック・バイオレンスや虐待となり、もっとも大切にしたいと思っている人びとを深く傷つけることになる。それだけではない。ちょっとしたことで怒りにまかせて攻撃行動をとると、学校や仕事を続けるのも難しくなる。先生やクラスメイトに怒りの感情に任せて攻撃行動をとることで学校を退学しなければならなくなるかもしれないし、気の合わない上司だからといって、職場で暴言を吐き、暴力を振るう場合は、仕事をクビになってもおかしくないだろう。

　このように、生物学的には合理的に見える怒りの表出としての攻撃行動は、社会生活には深刻な悪影響を与えるのだ。

　ただここで注意したいのは、「怒り」≠「攻撃行動」ということだ。怒りが必ずしもいつも攻撃行動に結びつくわけではない。多くの場合、私たちは怒りを感じても攻撃しないことを選択する。

　また反対に、怒りを感じなくても攻撃行動をとることもある。バンデュー

ラら(1961)が行った実験では、大人が人形を殴ったり蹴ったりしている様子を見た子どもは、同じ人形に対して、大人がしていたのと同じように殴ったり蹴ったりしたことが報告されている。大人の行動を模倣することによって、攻撃行動を獲得したのだった。他にも、交渉において相手に条件を認めさせるためにわざと攻撃行動をとることもある。そこに怒り感情は存在しないのだ。

　以上のように、怒りによって攻撃行動が選択される可能性は高くなるものの、多くの場合は怒りだけが原因で攻撃をしているわけでもないことがわかるだろう。

13.3　怒りと関連する疾患

　怒りは、さまざまな疾患と関連することが指摘されているが、なかでも怒りや敵意、攻撃性を中核としたタイプ A 行動が、虚血性心疾患と関連することは有名である。タイプ A 行動とは、1959 年フリードマンとローゼンマンによって報告された、冠動脈疾患患者に見られる行動パターンのことである。彼らは、①目標達成しようとする強い欲求をもち、②競争心が異常に強く、敵意を示しやすい、③つねに周囲から高い評価を得ようとし、④多くの仕事に没頭し、絶えず時間に追われている、などの一連の行動をタイプ A 行動と名づけた。彼らの研究が発表されて以降、数多くの追試が行われており、冠動脈疾患のみならず、生活習慣病などとの関連も調べられている。

　そしてこれらの研究から明らかになったのは、タイプ A 行動というよりも、タイプ A 行動の中核要素である、怒り、敵意、攻撃性がさまざまな疾患の危険因子であるということだ。多くの研究で、怒り、敵意、攻撃性が、飲酒や喫煙、運動習慣や食生活、薬物摂取などと関連していることが報告されている。怒りや敵意、攻撃性の強い人は、普段からストレスをうまく処理しきれず、慢性的に高い不安や緊張感を抱えていることが多いだろう。それらの影響が生活にも現れ、食生活や睡眠などのリズムが乱れることが心疾患をはじめとしたさまざまな病気の罹患リスクを高めていると推測されるのである(福西, 2002)。

　身体的な病気と同じように、怒りは精神的な病気とも関連する。高井ら (2019)はアメリカ精神医学会による診断マニュアルである DSM-5 において、怒りに関連した項目が入っている疾患として、表 13-3 の 7 つをあげている。

　　　表 13-3　DSM-5 の診断基準に"怒り"に関連した項目が含まれている疾患

（高井・塩入, 2019 を一部改変）

---

1. 双極性障害および関連障害群

　　例）双極性障害Ⅰ型、双極性障害Ⅱ型など

2. 抑うつ障害群

　　例）重篤気分調節症、月経前不快気分障害など

3. 不安症群

　　例）全般性不安障害

4. 心的外傷およびストレス因関連障害群

　　例）心的外傷後ストレス障害

5. 秩序破壊的・衝動抑制・素行症群

　　例）反抗挑発症、間欠爆発症など

6. 物質関連症群および嗜好性障害群

　　例）カフェイン離脱、大麻離脱など

7. パーソナリティ障害群

　　例）妄想性パーソナリティ障害、反社会性パーソナリティ障害など

　双極性障害および関連障害群から、パーソナリティ障害群の 7 つの疾患群ではいずれも「怒りやすさ（易怒性）」や「怒り」、「イライラ」などがその診断基準の項目に含まれている。また、DSM-5 には含まれていないが、臨床上怒りが見られやすい疾患として表 13-4 にある発達障害群をはじめとした 8 つの疾患群をあげている。このように、精神的な病気においても、怒りはよく見られる症状の 1 つであることがわかるだろう。

表 13-4　臨床上"怒り"が見られやすい疾患

(高井・塩入, 2019 を一部改変)

1. 発達症群
　　例）注意欠陥・多動症
2. 統合失調症スペクトラム障害およびほかの精神病性障害群
　　例）妄想性障害、統合失調症など
3. 不安症群
　　例）分離不安症
4. 食行動障害および摂食障害群
　　例）反芻症、神経性やせ症、など
5. 睡眠―覚醒障害群
　　例）不眠障害、悪夢障害など
6. 秩序破壊的・衝動制御・素行症群
　　例）素行症
7. 物質関連障害および嗜好性障害群
　　例）アルコール使用障害、大麻使用障害など
8. 神経認知障害群
　　例）せん妄、アルツハイマー病による認知症、など

13.4　怒りのコントロール

　前述のとおり、怒りは感情の一種である。怒りを感じることは動物として自然なことであり、怒り自体は病気ではない。しかし、強すぎる怒りは私たちから温かい対人関係を遠ざけ、私たちが社会に適応するのを困難にさせるばかりか、さまざまな身体的な病気、精神的な病気のきっかけとなりうる。だからこそ、上手に怒りをコントロールするすべを身につけることは、社会を生き抜くうえで必要なスキルとなるのだ。ここでは、怒りのコントロール法である「アンガー・マネジメント」を紹介しよう。

（1）アンガー・マネジメントとは
　アンガー・マネジメントとは、1970 年代にアメリカで生まれた心理教育の

1つであり、怒りを完全に抑制するのではなく、怒りを表出する必要があるときには表出するが、不必要なときには表出しないようにコントールすることを指す(川上, 2017)。アンガー・コントロールと称する場合もあり、通常、怒りをコントロールするための一連のプログラムで構成される。これまでにさまざまなプログラムが提案されているが、その多くは認知行動療法(第10章)と同じ認知行動理論に沿ったプログラムとなっている。ここで紹介するのも社会学習理論や認知行動理論を基に作成されたプログラムである(Williams & Barlow 1998, 壁屋訳 2006)。

（2）アンガー・マネジメント・プログラム

　ウィリアムら(1998)のアンガー・マネジメント・プログラムは合計 12 回のセッションで構成され、その内容から 3 期に分けられる。

① Ⅰ期（セッション1〜3）：怒りと攻撃行動の機能やその結果の理解

　アンガー・マネジメント・プログラムは、怒りが生じ、その結果として攻撃行動をとる場合に、どのようなことが生じるのか理解を深めるところから始まる。何度も述べてきたように、怒りが生じることは動物として当然である。しかし、怒りのために周囲の人を殴るとどんな結果が待っているのか、もし殴らなかったとしたらどんな結果になるのかを考えるのだ。周囲の人を殴った場合、その瞬間には怒り感情が発散されスッキリするように思えるが、多くの場合は、その後警察に通報されたり、周囲の人が自分とは距離を置いてつき合うようになるなど、悪い影響の方が多いことに気づくだろう。そして、もし攻撃行動をとらなかったら、周囲の人も自分も傷つかないし、周囲の人との良い関係を維持できるかもしれない。このように、まずは攻撃行動をやめることによる利益を考え、プログラムに取り組む動機づけを高める。

② Ⅱ期（セッション4〜8）：怒りの生起に関連する要因の理解

　怒りがどのように生起するのかについての理解を促すことを目的に、プログラムでは、怒りのサイクル図（図 13-1）を用いて自分のもつ不合理な信念が怒りを生じさせることや、怒り感情によって生理的反応や行動が引き起こされることを説明する。

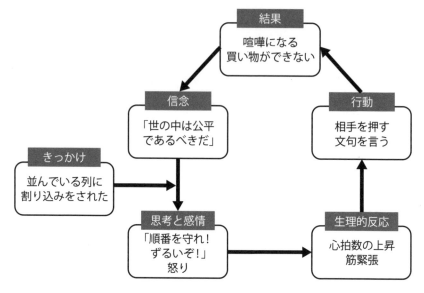

図 13-1　怒りのサイクルの例

(Williams & Barlow, 1998 を一部改変)

・**不合理な信念**

その人のもつ思い込みのことであり、幼少期に学習されたものが選択的に
強化されたものである。図 13-1 の場合は、「世の中は公平であるべきだ」
という信念である。もちろん、公平な世の中を誰もが望んでいる。だが実際
には、裕福な家に生まれた人もいれば、そうでない人もいるように、世の中
は不公平であることも多い。多くの人はこの現実を受け入れて生きている
が、「世の中は公平であるべきだ」という信念が強固な場合には、世の中に
対して不公平感を強く感じ、不満をもつ可能性があるだろう。この場合に、
何らかのきっかけによって、思考（考え方）や怒りを生じることになる。

・**きっかけ**

表 13-5 に示すとおり、ここでのきっかけとは、怒りや攻撃行動に先行する
あらゆるエピソードをさす。その人特有のきっかけもあれば、過去の経験
に根差したものもあるように、さまざまなものがきっかけとなりうる。

表 13-5　怒りのきっかけの例

(Williams & Barlow, 1998　を一部改変)

慢性的ストレッサー	仕事上のプレッシャー、病気や障害、経済的問題、家庭内トラブル、孤独や孤立、など
急性のストレッサー	失業、経済的危機、親しい人との絶縁・離別、転居、など
思考の歪み	否定的思考、破局的な見方、全か無か思考、など
情動・感覚	傷つけられた感じ、非難されている感じ、恐怖感、ばつの悪い感じ、脅威を受けている感じ、拒絶感、理解されない感じ、欲求不満、プレッシャーを受けている感じ、不公平感
言語的・非言語的行動	（自他ともに）頻回に視線を合わせる、大声で叫ぶ、立ち上がる、相手の鼻先で指をふるなどの挑発行動
コミュニケーションのまずさ	不正確な情報、又聞きの情報、など
過剰あるいは不足した刺激	過剰な騒音、多すぎる人、混雑した場所、退屈

・**思考と怒り**

思考や感情は、信念やきっかけによって生み出される。もちろん、信念によってはポジティブな思考や感情を生み出すこともあるが、不合理な信念をもつ場合には、ネガティブな思考や感情を抱くことになる。

・**生理的反応**

生理的変化は感情にともなって生じる。怒りの場合には、頭痛やめまい、目のかすみや充血、口渇、肩こりや首、背部の痛み、呼吸促拍、胸痛や呼吸困難、紅潮と発汗、血圧の上昇、振戦、血圧上昇、消化不良や吐気など身体のさまざまな部位において変化が生じる。これらは逃走か闘争か反応としても知られる。

・**行動**

　自身の生理的反応や思考、感情に対する反応として生じる。怒りをうまくコントロールできない場合には、たいていの場合攻撃行動が選択される。

・**結果**

　行動によって直接起こった結末のことである。怒りによる攻撃は長期的に見るとネガティブな結果となることが多い。

　プログラムの根底には、攻撃行動は修正可能であるという学習理論や社会学習理論の考え方が存在する。攻撃行動は学習によって獲得された行動であり、新たな学習によって攻撃的でない行動を獲得することで、攻撃行動を修正・変更することができるという考えに基づいている。そして、認知行動理論と同じように、信念や認知が行動に影響を与えるという考え方に基づき、怒りや攻撃行動を捉えるのだ。

③ Ⅲ期（セッション9〜12）：怒りへの対処法やストレス対処法

　自分の怒りへの理解が深まったところで、効果的な対処方略を身につける段階に進む。図13-1に示すように、モデルは循環モデルとなっているために、どこから対処しても怒りによる攻撃行動を低減する効果が期待できる。

　信念や思考に対しては、以下のような方法を用いる。

気晴らし：怒りを生じさせる事柄から気をそらすこと
　例）10まで数える、くつろげるイメージを思い浮かべる、など
ユーモア：怒りや苦しみではなく、「面白おかしい一面」に目を向けようと意識する
　例）自分をにらみつけている相手がバナナの皮で転ぶところをイメージする、過去の面白い出来事を思い出す
自分をほめる：怒りを引き起こす状況が過ぎたあとも不快な感情が残る場合があるが、その場合に自分を褒めることで不快な感情から抜け出すことができる。
　例）「いつもだったらすぐに手が出ていたところだったが、今回は手を出さずにやり過ごすことができた」

課題への集中：目の前の状況から生じた否定的な感情から抜け出すために、目の前の状況とは無関係のやらなければならないことに集中すること

　例）食料を買い出しに行く、レポートに必要な本を借りに図書館へ行く、など

合理的な考え：モデルにある怒りに関連した思考をさまざまな側面から検討し、より適応的な思考を新たに考え出すこと。認知再構成法（第10章参照）を用いてもよい。

　生理的変化に対しては、リラクゼーションを用いて覚醒水準を低下させることを目指す。怒りにともなう生理的変化は逃走か闘争か反応であるため、心拍数や筋緊張が増加している。そこで、これらを落ち着かせるために、漸進的筋弛緩法を用いたり、深呼吸をすることで身体的あるいは心理的に緊張を和らげることが重要だ。筋緊張を弛緩させる方法としては、他にも、マッサージや入浴、瞑想などがある。この際に、怒りを発散させてくれそうだからといって、大声を出す、飲酒する、壁などを殴る、サンドバックを叩くなどの行動を間違っても用いてはいけない。これらの行動は心拍数や筋緊張を増加させ、怒り感情をエスカレートさせやすい。怒りを低下させるためには、あくまで、心拍数や筋緊張を和らげるような行動を用いることが重要なのだ。

　以上、怒りへの対処として、アンガー・マネジメント・プログラムを紹介したが、注意したいのは、攻撃行動をとってはいけないわけではないということだ。あまりにも不合理である場合には、時として相手に怒りを表明し、攻撃することは必要かもしれない。怒りを表明し攻撃行動をとることは動物として自然なことであり、それ自体問題はない。問題なのは、ささいなことで怒りを爆発させ、それを周囲へ向けることだ。自分が置かれた状況に応じて、怒りや攻撃行動を用いることを心掛けたいものだ。

第**14**章
さまざまなこころの様相
──発達障害

　突然であるが、次の 3 人の学生は困りごとを抱えている。

<A さんの場合>

　「英語を書くのがとにかく苦手なんです。読むのは大丈夫ですが、英作文を書けと言われるとまったく書くことができません。というのも、これまでに何十回、何百回と単語の書き取りの練習をしてきましたが、いまだに"b"と"d"の区別がつかないのです。読むのは大丈夫なのですが、書けと言われると…。「犬」という英単語と書こうと思っても"dog"なのか"bog"なのか迷ってしまい、書くのにすごく時間がかかるんです。大学院に進学したいのですが、入試科目に英語があり、受験するかどうか悩んでいます。」

<B さんの場合>

　「来月資格試験を受ける予定なのですが、そのためにいま、計画を立てて勉強をしています。でも、まったく計画どおりに勉強が進まず、焦って結局何もできないままに 1 日が終わってしまいます。計画では朝 5 時に起床し、朝食後に着替えて、洗濯機を回し、5 時 30 分から 21 時までずっと勉強する予定になっています。ただ実際には、朝が苦手で 8 時頃にようやく起床します。そこから慌てて朝食をすませて、すぐに勉強に取り掛かろうと思うのですが、どうしても動画サイトが気になり、スマートフォンで動画を見てしまいます。そうこうしているうちに、10 時になり、ようやく勉強を開始します。明日こ

そ早く起きようと夜 10 時には布団に入るのですが、やはり動画や SNS が気に
なり、結局夜中の 2 時ごろまでスマートフォンをいじっています。そうする
と、翌朝も 8 時頃にやっと起きるということになってしまうのです。」

＜C さんの場合＞

「先日のテストの結果が返ってきました。自分の好きな科目だったので、予
想したよりもよい点数でした。ふと隣を見ると、友人は浮かない顔をしてい
ます。理由を聞いてみると、テストの結果が思ったより悪かったので単位を
落とすのではないかと不安なようです。友人はこの科目がわからないのかな
と思い、テストで出された問題について解説したり、アドバイスしていたら、
急に友人が強い口調で、『別にアドバイスしてほしいとは言ってないけど』と
言いました。私はとても驚くとともに困惑しました。わからないようなので
教えてあげようと思っただけなのに、どうして友人はこんなに怒っているの
でしょうか。私は人から急に怒られることが結構多いのですが、どうしてな
のでしょうか。」

　A さん、B さん、C さんのそれぞれの困りごとはまったく違う内容だが、実
は彼らはみな発達障害とよばれる共通の問題を抱えている。最近では、発達
障害という言葉を耳にする機会も多くなってきているだろう。発達障害の人
が抱える問題とはどのようなものなのだろうか。この章では、発達障害につ
いて学ぶ。

14.1　発達障害とは

　平成 28 年に改正された発達障害者支援法では、「『発達障害』とは、自閉症、
アスペルガー症候群その他の広汎性発達障害、学習障害、注意欠陥多動性障
害その他これに類する脳機能の障害であってその症状が通常低年齢において
発現するものとして政令で定めるものをいう。」と明記されている。つまり、
さまざまな疾患の総称であり、発達障害という単一の疾患があるわけではな
いのだ。

　一般的に、脳の一部に機能障害があり、低年齢から特有の傾向を示すのが

発達障害と理解されている。しかしながら、さまざまなタイプが存在し、同じ診断名であったとしても特徴がまったく異なるなど個人差が大きい。しかも、研究者によって、遺伝的な要因が強く作用するという主張もあれば、環境要因が重要であるという主張もあり、実は未だ不明な点も多いのだ。ただひとつ確かなことは、発達障害のある人は、その特性を周囲に理解されにくいことが多く、周囲から「怠けている」「しつけが悪い」「性格の問題」などの否定的な評価を受けることが多い。そのため、不登校や非行などの二次的な問題を抱えやすいということだろう。

14.2　それぞれの発達障害の特徴とその支援

（1）学習障害
　学習障害の定義は、教育領域と医学領域では多少異なる。
文部科学省は学習障害（Learning Disability）を以下のように定めている。

　「基本的には全般的な知的発達には遅れはないが、聞く、話す、読む、書く、計算する又は推論する能力のうち特定のものの習得と使用に著しい困難を示すさまざまな状態を指すものである。
　学習障害は、その原因として、中枢神経系に何らかの機能障害があると推定されるが、視覚障害、聴覚障害、知的障害、情緒障害などの障害や環境的な要因が直接の原因となるものではない。」

　これに対して、医学領域では学習障害を Learning Disorder と表す。アメリカ精神医学会が作成した診断マニュアルである DSM-5 では、「限局性学習症/限局性学習障害」として次のように定義されている。

　「学習や学業的技能の仕様に困難があり、その困難を対象とした介入が提供されているにも関わらず、以下の症状の少なくとも 1 つが存在し、少なくとも 6 カ月間持続していることで明らかになる。

・不的確または速度が遅く、努力を要する読字

・読んでいるものの意味を理解することの困難さ

・綴字の困難さ

・書字表出の困難さ

・数字の概念、数値、または計算を習得することの困難さ

・数学的推論の困難さ」

　教育領域と医学領域では、その定義に多少の違いはあるものの、読み、書き、計算、推論など特定の能力の習得や使用に困難があるという点は、両分野で共通している。

　ここまで読んでピンときた人もいるだろうが、この章の最初に出てきた A さんには、学習障害があるのだ。A さんは友人もたくさんいるごく普通の大学生である。授業中のディスカッションでは、相手を論破するほど論理的な話し方をする人であり、先を読みながら相手と話しをするのがとても得意だ。A さんの周囲の人はみな、「A さんはすごく頭がいい」という印象をもっている。しかし、A さんは英語の単語を覚えられず、書くことが苦手だ。他の能力は人並み以上に優れているのにも関わらず、板書をノートに書き写したり、文字を書こうとすると、間違って書いたりするために時間がかかるのだ。

　実は、英語だけではなく、漢字の書き間違いも多いのだが、難しい話を流暢に話す姿に、誰も A さんが字を書くのが苦手だとは気づいていなかった。

　A さんのように、学習障害のある人は、他の能力の水準に比べて苦手なこと（A さんの場合は書くこと）が極端にできないのだ。だから周囲からは、「読んだり話したりはスラスラできるのだから、書くことができないわけがないだろう。書けないというのは言い訳で、本当は怠けているのだろう」と誤って評価されてしまうことが多いのだ。もちろん本人は、一生懸命努力している。A さんは、他の人の何倍も英単語の練習を重ねてきた。しかし、それでもうまくいかず、単語のいくつかは結局書けないままである。このような場合、学習意欲自体が低下してしまうこともある。

　では、学習障害がある場合はどうしたらよいのだろうか。学習障害は、文部科学省の定義にあるように、中枢神経系に何らかの機能障害があるために生

じていると考えられる。そして、現段階で、薬などによって学習障害が治るわけではないことがわかっている。必要なのは、学習上のつまずきを補うための工夫をすることである。

　Aさんのように、板書を書き写すのが困難である場合には、教師が声に出して読みながら文字を書くと、視覚からの情報に加えて、聴覚からの情報も入ってくるために理解しやすいかもしれない。また、マス目の大きなノートを使ったり、書き取る分量を減らすのもよいだろう。最近では、ノートではなくタブレットでノートを取るという方法も提案されている。

　いずれにせよ、まずは、教師や周囲の人々が学習障害についての理解を深めることが必要である。そして、学習障害を抱えた本人と一緒に、苦手なことをどうやって補うのか検討し、工夫することが求められるのだ。

（2）注意欠陥多動性障害

　文部科学省では、注意欠陥多動性障害とは、「年齢あるいは発達に不釣り合いな注意力、及び／又は衝動性、多動性を特徴とする行動の障害で、社会的な活動や学業の機能に支障をきたすものである」と定義されている。一般的にはADHD（Attention-Deficit / Hyperactivity Disorder）とよばれることが多く、一度は耳にしたことがある人も多いだろう。DSM-5では、「注意欠如・多動症／注意欠如・多動性障害」として、「不注意および/または多動性および衝動性によって特徴づけられる、不注意および/または多動性—衝動性の持続的な様式で、機能または発達の妨げになっているもの」と定義されている。ADHDでは、学齢期に達する前に、衝動性や多動性を中心とする行動によって何らかの問題が生じていることが多い。たとえば、幼稚園でみんなで歌を歌っている時間に、外の遊具が気になり、先生の制止を振り切って急に裸足で園庭に飛び出していくなど、大人から見ると「困った子」「わがままな子」のように見えることがある。ADHDという視点をもたない大人からは、ADHDの特性は、しつけが足りないとして虐待的対応を誘発させる可能性がある。

　思春期や成人期では、ADHDの特徴は不注意が中心となる。見落としやケアレスミスが多く、時間管理や物の管理が下手といった特徴がよく見られる。そのため周囲からは、「不真面目だ」「やる気がない」「反抗的だ」というレッ

テルを貼られることがある。学業や仕事上での失敗が多くなった結果として、不安や落ち込みが二次的に生じることもある。

　この章の最初に出てきたBさんは、ADHDである。Bさんも普通の大学生だが、時間や物の管理がうまくできずに困っている。授業でプリントを渡されることが多いのだが、ほとんどのプリントはもらったその日にどこかにいってしまう。就職活動に有利だと聞き、ある資格を取ろうと思ったが、立てた計画に沿って勉強をすることができずに、自分はこのままでは就職ができないかもしれないと落ち込んでしまっていたのだ。

　自身が発達障害の診断を受けた経験をもつ村上(2018)によると、ADHDの傾向が強い人は、予定を詰め込みがちで無理な計画を立ててしまうことがあるようだ。しかもそれらを実行に移すときには、他のことに注意が移りやすいために、時間がかかり、計画どおりに行動を進めることができなくなるのだ。

　では、ADHDの人が抱えている問題に対して、どのように対応すればよいのだろうか。ADHDの場合には、薬物療法で効果がみられることがあるので、医療機関への受診を勧めるとともに、環境調整を行う必要があるだろう。注意が散漫になりやすく、集中し続けることが困難であるといった不注意の問題を抱えているのであれば、周囲の刺激を減らす工夫が必要となる。Bさんの場合は、スマートフォンを勉強部屋に持ち込まないことで勉強に集中できるようになるかもしれない。どのような刺激が集中を困難にさせるのかを明らかにして、それらの刺激をできるだけ減らす工夫が功を奏するかもしれないのだ。また、1つのことをやっている最中に、他のことに気を取られて別の作業を始めてしまうことを防ぐために、ある程度やるべき行動のセット（まとまり）を作っておくのも有効のようだ。たとえば、次のような行動のセットを決めておくと勉強がはかどるかもしれない。

＜普段の勉強行動の様子＞

　「勉強を始める」→「わからないところが出てくる」→「授業でもらったプリントを探すためにバッグをあさる」→「昨日友人から借りたマンガ本を見つける」→「マンガ本を読み始める」（勉強はまったく進まない）

＜勉強行動のセット＞

「勉強を始める」→「わからないところがでてくる」→「わからない箇所は放っておいて、次の問題を解く」→「勉強を開始して1時間が経過したら、わからない問題を調べる」→「勉強を開始して2時間が経過したら勉強を終え、借りたマンガ本を読む」

（3）自閉スペクトラム症/自閉症スペクトラム障害

Cさんは自閉スペクトラム症/自閉症スペクトラム障害である。アメリカ精神医学会が作成しているDSM-5では、以下のように「社会的コミュニケーションの障害」と「限定された反復的行動」の2つの症状が、幼少期から存在することが自閉スペクトラム症/自閉症スペクトラム障害の診断基準となっている（第3章参照）。

＜社会的コミュニケーションの障害＞

・対人相互反応の欠如
・非言語コミュニケーションの欠如
・社会的スキルの乏しさ

＜限局された反復的行動＞

・常同的または反復的な行動
・決まった行動、考え、やり方へのこだわり
・特定のものに対する強い興味や執着
・感覚の過敏さ、または鈍感さ

自閉スペクトラム症/自閉症スペクトラム障害は、DSM-Ⅳでは、広汎性発達障害とよばれていたものである。DSM-5に改訂された際に「スペクトラム」という言葉が用いられている。スペクトラムとは、連続体や範囲という意味をもつ言葉である。自閉スペクトラム症/自閉症スペクトラム障害では、その特徴は発達初期から存在するものの、発達段階や環境、受けている支援によって大きく変化することから、その名称に「スペクトラム」という用語が用いられた経緯がある。

つまり、同じ自閉スペクトラム症/自閉症スペクトラム障害の人であっても、

現れる特徴は大きく異なる場合があるし、同じ人物のなかでも、幼少時と青年期の特徴には大きな変化が見られるのだ。幼少時に自閉症と診断され、ほとんど言葉が出ず、視線も合わず、1 日中何時間もある特定の行動だけに時間を費やしていた子どもが、周囲の人の適切な働きかけによって、数カ月後に急にしゃべり始め、定型発達の子どもと同じように成長し、大学に進学したといった事例は数多く報告されている(岡田, 2020)。

　よって、自閉スペクトラム症/自閉症スペクトラム障害への対応としては、診断名ではなく、困っていることに個々に対応することが重要となる。C さんの場合、対人場面において、その状況にそぐわない話をしたり、言わなくていいことを相手に言ってしまうという問題を抱えている。そのために、相手が怒り出すことがあるのだが、なぜ相手が怒るのか、相手が何を求めているのか察知するのが難しいのだ。村上(2018)によれば、自閉スペクトラム症/自閉症スペクトラム障害の傾向が強い人は、知識が豊富なこともあり、自分が詳しい話題について相手の反応に無関係に話し続けてしまうことがあるようだ。このような場合にはまず、相手が話をするときに何を求めているのかを知るためにじっくり聞くことが重要だという。そして会話のなかで、「仕方ないんだけどね」のように、話に区切りをつける言葉が相手から出てきたら、自分の意見を言ってもよいか相手に許可を取って話すことがよいようだ。

　以上、学習障害、注意欠陥多動性障害、自閉スペクトラム症/自閉症スペクトラム障害を例に発達障害について説明してきた。発達障害についてはまだ解明されていない点が多く、遺伝要因が強いのか、それとも環境要因が強いのかといった点でさえ、議論が分かれている。

　ここで注意したいのは、過剰診断や過小診断である。過剰診断とは、発達障害ではないのにも関わらず、発達障害と診断することである。特に気になるのが、周囲にいる困った人に対して、発達障害のレッテルを貼る行為だ。発達障害の一部の特徴は、一般の人においても見られるものだ。また過小診断とは、発達障害であるのにも関わらず診断されないことである。実際、大人になって初めて発達障害の診断を受けた人に聞くと、「子どものころから人と違う自分に違和感や嫌悪感を抱いて生きてきたが、発達障害の診断がついて、今はほっとしている。なぜ人と同じようにできないのかに対する理由がわかっ

てよかった。」といった意見を聴くこともある。発達障害を正しく理解するためには、診断基準だけではなく、その人の発達の様子や、日常のなかでの困りごと、置かれている環境などさまざまな視点から理解しようとする姿勢が求められるのである。

第**15**章

さまざまなこころの様相
——性別違和

　2015 年、ある大学院生が、同性愛者であることを同級生に暴露（アウティング）され、校舎から転落死した。この事件について聞いたことがある人も多いのではないだろうか。ここ数年セクシャル・マイノリティについての理解が進んでいる一方で、偏見や差別もいまだ多く存在する。この章では、セクシャリティや性別違和に関して学ぶ。

15.1　セクシャリティ

　セクシャリティ（sexuality）とは、「性的なこと」を指す単語である。しかし、性の多様性の文脈で用いられるときには、そこに人間の性質や権利の 1 つといった意味が付加されるようだ。たとえば、世界性科学会議における性の権利宣言には、「セクシャリティとは、人間一人ひとりの人格に組み込まれた要素の 1 つ」といった文言が含まれている。私たちの権利でもあり、また私たちを構成する要素の 1 つがセクシャリティなのだ。

　次に、このセクシャリティを理解するうえで欠かせない用語を説明しよう。

① 生物学的性
　これはもって生まれた、身体的、遺伝的性（sex）を指す。生殖器や性染色体などから判定される性である。

② 性自認

性自認（gender identity）とは、心理的な自己の性別の認知のことである。「自分は男だ」「自分は女だ」といったように幼少期にはすでに自分の性別を認識するが、性自認は必ずしも生物学的性と一致するわけではない。「身体は男性だが、自分は女性だ」と認識することもあれば、「身体は女性だが、自分は男性だ」と認識することもある。もちろん、「自分は男性でも女性でもない」という認識の仕方もある。

③ 性的指向

性的指向（sexual orientation）とは、性的魅力を感じる対象の性別に関する概念だ。男性が女性に、女性が男性に性的魅力を感じるのは、異性愛とされる。同性愛とは、男性が男性に性的魅力を感じる場合と女性が女性に性的魅力を感じる場合があるが、それぞれ、ゲイやレズビアンとよばれる。男女のどちらにも性的魅力を感じるのは両性愛（バイセクシャル）であり、男女いずれに対しても性的魅力を感じないのは無性愛とされる。

15.2 セクシャル・マイノリティ

セクシャル・マイノリティとは、性的少数者のことであり、前述した同性愛者、両性愛者、無性愛者などが含まれる。この総称として、「LGBTQ+」や「SOGI」という用語が用いられることが多い。みなさんも、一度は聞いたことがあるだろう。

「LGBTQ+」とは、レズビアン、ゲイ、バイセクシャル、トランスジェンダー、クエスチョニング（自分の性自認や性的指向がわからない、あるいは定まっていない）の頭文字をとった「LGBTQ」に加えて、アセクシャル（他者に恋愛感情や性的魅力を感じない）などのその他のセクシャリティも含めた用語である。

ちなみにトランスジェンダーとは、もとは生物学的な性とは反対の性でいつも過ごすが性別適合手術を行わない者という意味で提唱された用語であり、最近では生物学的な性と性自認が一致しないことを指すようだ。「SOGI」は、

性的指向と性自認の頭文字をとって作られた性の多様性を表すための用語である。

　従来の考え方では、生物学的性に従い性別は男性または女性の 2 種類である。生物学的性を自分の性と自認し、異性に対して性的魅力を感じるとされていた。しかし、性の多様性の視点から考えると、性別は 2 種類ではない。場合によっては 50 種類を超えるとも言われる(松嶋ら, 2016)。性的指向と性自認の組み合わせにより、数多くの性別が存在するのだ。生物学的性を自分の性と自認し、異性あるいは同性、両性に対して性的魅力を感じる場合もあれば、生物学的性と反対の性を自分の性と自認し、異性あるいは同性、両性に対して性的魅力を感じる場合もある。またはまったく性的指向や性自認が不明な場合もあるのである。

　ところで、セクシャル・マイノリティはどれくらい存在するのだろうか。電通ダイバーシティ・ラボでは継続的に LGBT の調査を行っているが、それによると、2012 年では調査対象者の 5.2%が、2015 年では 7.6%、2018 年では 8.9%が LGBT に該当することが報告されている(電通ダイバーシティ・ラボ, 2019)。また、2019 年に実施された大阪市民を対象とする調査では、調査対象者の約3%が LGBTQ に該当することが明らかにされている(釜野, 2020)。研究によって多少割合は異なるものの、10%弱程度はセクシャル・マイノリティが存在することが推測される。

15.3　セクシャリティとこころの問題

（1）セクシャル・マイノリティとこころの問題

　セクシャル・マイノリティは、セクシャル・マジョリティと比べて、こころの問題を抱えやすいことがさまざまな研究から指摘されている。同性愛者・両性愛者は、異性愛者に比べて、うつ病やパニック障害などの診断基準を満たしやすいことや(Cochran ら, 2003)、危険な飲酒や薬物の使用の割合が高く、うつ、不安、自傷行為の経験率が高いことが報告されている(Hughes ら, 2010)。これらの結果からわかるのは、セクシャル・マイノリティを取り巻く環境が過酷であることだ。決して、セクシャル・マイノリティであること自体がここ

ろの問題の原因ではない。セクシャル・マイノリティを取り巻く環境によっ
てこころの問題が生じていると考えるのが妥当だろう。

（2）セクシャル・マイノリティを取り巻く環境

2015 年に同性カップルの結婚に相当するパートナーシップ制度が東京都渋
谷区で導入されて以降、同様の取り組みが日本全国に広がりつつある。2020
年 9 月時点で、この制度を導入した自治体は 59 にも上る。このような動きは、
一見、我が国においてもセクシャル・マイノリティへの理解が進んでいるか
のように見える。しかし現実には、いまだ、セクシャル・マイノリティを十分
に理解し受け入れているとは言い難い状況にあるのだ。

2019 年に企業やそこで働く従業員を対象として、職場における多様性につ
いての調査が実施された(三菱 UFJ リサーチ&コンサルティング, 2019)。その
調査の中で「性的マイノリティ (レズビアン、ゲイ、バイセクシャル、トラン
スジェンダー) に対する偏見や差別があると思うか」という質問に対して、セ
クシャル・マイノリティのみならず、セクシャル・マジョリティにおいても約
8 割が「あると思う」または「どちらかといえばあると思う」と回答したこと
が報告されている。

釜野ら(2015)が実施した調査でも、同性や両性に対して恋愛感情を抱くこと
について、男性の約半数が「おかしいと思う」「どちらかといえばおかしいと
思う」と回答したことが報告されている(図 15-1)。

この傾向は、年齢が高いほど強いことがわかる(図 15-2)。もちろん、一昔前
に比べてセクシャル・マイノリティに対する理解は進んでいるが、それでも
高齢の男性ほどセクシャル・マイノリティへの抵抗感が依然として強いこと
がわかる。

このような状況では、セクシャル・マイノリティの 6〜7 割が誰にも自分が
セクシャル・マイノリティであることを伝えていないという回答にも納得が
いくだろう(図 15-3)。

セクシャル・マイノリティの多くが、誰にも自分のセクシャリティを打ち
明けないままにいるのは、偏見や差別を避けるためかもしれない。有間ら
(2019)は、セクシャル・マイノリティである教員にインタビューを実施し結果

をまとめているが、そこに登場するゲイを自認する 2 人の教員の語りには、セクシャル・マイノリティであることをカミング・アウトすることへの苦悩の様子が見て取れる。

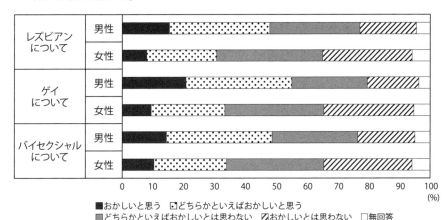

図 15-1　レズビアン、ゲイ、バイセクシャルなどの同性や両性に対して恋愛感情を抱く人々について（男女別）

釜野ら(2015)を一部改変

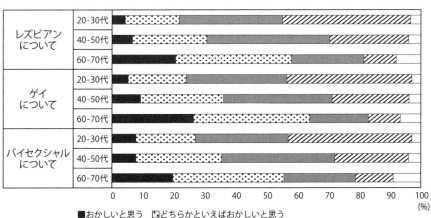

図 15-2　レズビアン、ゲイ、バイセクシャルなどの同性や両性に対して恋愛感情を抱く人々について（年代別）

釜野ら(2015)を一部改変

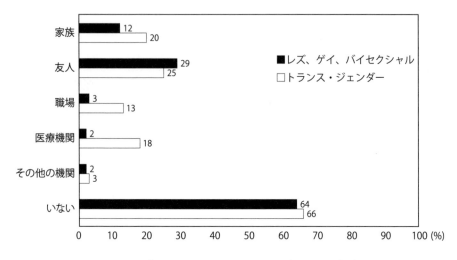

図15-3　自分のセクシャリティについて伝えている相手

三菱 UFJ リサーチ＆コンサルティング(2019)を一部改変

＜A 先生の場合＞

「A 先生が、学校の中でジェンダーやセクシャリティに関連して違和感をもつこととして挙げていたのは、子どもたちというよりもむしろ同僚の教師に対するものだった。たとえば『男性らしい』話し方をしない男性教師に対する揶揄で盛り上がる教師がいるなど、学校で性差別的な発言が日々飛び交っていることである。また、LGBT の話題は研修などを介して確実に入ってきてはいるものの、研修の質に問題があることや、一部の若い教師を除いて教師の側の知識や意識が追いついていないという。

　A 先生はこのような同僚の実態から、勤務校を『恐ろしい現場だな』と捉え、『こういう人たちの中で、私はゲイですよとか、そりゃ言えないだろうって思うし、子どもたちなんか絶対言えないだろう』と語る。A 先生はセクシャル・マイノリティの当事者である自分を守る点から、職場でのカミング・アウトはまったく考えていない。また同僚の揶揄に対しては、自分を守るために、積極的に反論せず『闘いはしない』が、『同調しない』ようにしているという。」

＜B先生の場合＞

「数年前、B先生は教職員に自身のセクシュアリティをカミング・アウトした。理解ある校長に背中を押されたことに加えて、『生徒にカミング・アウトされる予行練習』として聞いてもらおうと思ったからだという。B先生はゲイという『特性』をもっているからこそ、他の人が『見にくいかもしれないようなところについても見えるのかもしれないな』と思ったという。

セクシュアル・マイノリティについて『しっかり学んで、学んだものがちゃんと出せて、で、なんかおかしいことがあったら、それおかしくありませんか？っていうふうに当事者の立場で言える人として職場の中にいて、そういう人が1人くらいいてもいいよな』と考えた。たとえば、『男子、女子っていうふうにラベリングしたままの世界を見ていて、本当に子どもたちのリアルが見えるかっていうとそうじゃないなっていうふうに思う』と語り、実際に男女の括りで生徒を特徴づける教師と出会った時には、その気づきを投げかけることもあったという。

『当事者であるから遠慮なくいえるし、きいてもらえる』かもしれない一方で、言い過ぎてしまうと『当事者じゃないと分かんないでしょ』というメッセージになってしまう可能性もある。それは『すごく怖いな』と語り『すごい言葉は選んで言っているつもり』だという。」（有間ら, 2019）

A先生もB先生もともにゲイを自認する教師である。だが、セクシャル・マイノリティであることをB先生は職場でカミング・アウトすることを選択し、A先生はカミング・アウトしないことを選択している。二人の選択を分けたのは、職場のセクシャル・マイノリティに対する雰囲気だろう。B先生の職場ではカミング・アウトしてもそれを受け入れられる雰囲気があるようだが、A先生の職場にはその雰囲気が感じられない。この場合には、カミング・アウトすることは困難だろう。

図15-4を見てほしい。職場で自身がセクシャル・マイノリティであることを伝えた理由やきっかけの中で一番多いのは、「自分らしく働きたかったから（セクシャリティを偽りたくなかったから）」という理由である。老若男女を問わず、私たちの誰もが自分らしく生きたいと願う。だからこそ、自分を偽っ

て本来の自分ではない姿で生きることは、不快であり、とても窮屈だろう。偽りの姿を強制する社会こそ、セクシャル・マイノリティのこころの問題の原因を作り出しているのかもしれない。周囲が理解を示し、ちょっとした工夫をすることで、皆が生きやすい社会に変えることはできるのだ。

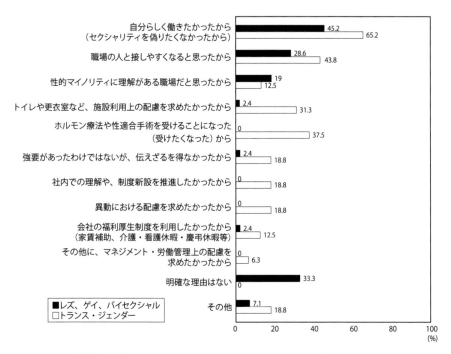

図 15-4　職場で自身がセクシャル・マイノリティであることを伝えた理由やきっかけ

三菱 UFJ リサーチ＆コンサルティング(2019)を一部改変

　たとえば、就職活動などではエントリーシートに性別の記載が求められるが、それをやめることも性の多様性を認めるための 1 つかもしれない。友人などとの交流の際にも、異性愛が前提の質問をしないように気をつけることが必要だろう。

（3）性同一性障害/性別違和
　2013 年に発行された DSM-5 では、それまでに使用されていた「性同一性障

害」に代わって、「性別違和」という用語が採用された。性同一性障害とは、生物学的性と性自認とが一致しない状態であり、「反対の性に対する強く持続的な同一感」や「自分の性に対する持続的な不快感、またはその性の役割についての不適切感」によって、臨床的に著しい苦痛や、社会的、職業的、または他の重要領域における機能障害を引き起こすものとされていた。性同一性障害の診断を受けた場合には、精神療法やホルモン療法、外科的療法などを行い、戸籍の性別の訂正を目指すようなイメージがある人も多いだろう。しかし実際には、性同一性障害のなかでも、外科的療法を受けて身体的に望む性になるよりも、望むファッションをすることや望む性として人間関係をもつことを希望する人が多いことが報告されている(松嶋ら, 2016)。

　つまりこれは、「男になりたい」とか「女になりたい」ではなく、男女という二分法的な性別に括られず「自分らしく生きたい」ということだろう。これまで使用されていた「性同一性障害」という名称には、従来の性別である男女の二分法的な生物学的性に性自認が一致しない病という意味が込められている。しかし性の多様化が社会に認められる風潮の中で、むしろ性自認に生物学的性が一致しないのだという意見や、そもそも病気ではないという意見も多くみられるようになったため、「性同一性障害」に代わって、「性別違和」という用語が採用されたようだ（表 15-1）。

　「性別違和」の方がより広い概念となっており、今後はもしかすると、病気ではないということでDSMなどの診断マニュアルからはずされる可能性もある。性の多様性を認める社会の動きが、診断マニュアルにも影響を与えているのである。

　この章で学んだとおり、セクシャル・マイノリティの人は心の問題を抱えやすいことが知られているが、その原因は、彼ら自身というよりも、彼らを取り巻く状況にある。少しでも状況を改善するためには、その周囲の人々がセクシャル・マイノリティを理解しようとすることが何よりも重要だろう。多くの差別や偏見、排除は、誤った知識によってもたらされているのである。もちろん、セクシャリティだけではない。今後ますます多様化が進むだろう世界に住む私たちは、いまこそ自分と異なる人々に興味・関心をもち、相手を理解しようとする態度を身につけよう。

表15-1　DSM-5における性別違和の診断基準の一部

(APA, 2013)

その人が体験し、表出するジェンダーと、指定されたジェンダーとの間の著しい不一致が、少なくとも6ヶ月、以下のうちの2つ以上によって示される

(1) その人が体験し、または表出するジェンダーと、第一次および／または第二次性徴との著しい不一致

(2) その人が体験し、または表出するジェンダーとの著しい不一致のために、第一次および／第二次性徴から解放されたいという強い欲求

(3) 反対のジェンダーの第一次および／または第二次性徴を強く望む

(4) 反対のジェンダーになりたいという強い欲求

(5) 反対のジェンダーとして扱われたいという強い欲求

(6) 反対のジェンダーに定期的な感情や反応を持っているという強い確信

引用文献

［第 1 章］

Stepanoff, C. & Sarcone, T. *Le chamanisme* (Gallimard, 2011)
（遠藤ゆかり訳、中沢新一監修『シャーマニズム』創元社、2014 年）

Muriel Laharie, *La folie au Moyen Âge* (Léopard d'Or, 1991)
（濱中淑彦監訳『中世の狂気』人文書院、2010 年）

中井久夫『西欧精神医学背景史』みすず書房、2015 年.

Darton, R. *Mesmerism and the end of the enlightenment in France* (Harvard University Press, 1968)
（稲生 永訳『パリのメスマー』平凡社、1987 年）

下山晴彦編『よくわかる臨床心理学　改訂版』ミネルヴァ書房、2009 年.

［第 2 章］

Amsterdam, B. "Mirror self-image reactions before age two", *Developmental Psychology* (1972), Vol.5, pp.297-305.

Davies, M., & Kandel, D.B. "Parental and peer influence of adolescent's educational plans", *American Sociological Review* (1981), Vol.49, pp.850-874.

Erikson, E.H. Identity and Life Cycle (International University Press, 1959)
（小此木啓吾訳『自我同一性』誠信書房、1982 年）

Farroni, T., *et al.* "Eye contact detection in humans from birth", *Proceeding of National Academy of Science of the United States of America* (2002), Vol.99, pp.9602-9605.

梶田叡一『自己意識の心理学［第 2 版]』東京大学出版会、1988 年.

加藤 厚「大学生における同一性の諸相とその構造」、『教育心理学研究』1983 年、Vol.31、pp.20-30.

Marcia, J.E. "Development and validation of ego-identity status", *Journal of Personality and Social Psychology* (1966), Vol.3, pp551-558.

中島義明ら編集『心理学辞典』有斐閣、1999 年.

大倉得史「乳児の体験世界に＜他者＞はいつ登場するのか」、『質的心理学フォーラム』2013 年、Vol.5、pp.13-23.

Rogers, C.R. *A theory of therapy, personality, and interpersonal relationship, as developed in the client-centerd framework,* S. Koch(ed.), "Psychology" (McGraw-Hill, 1959), Vol.3.
(伊藤 博訳『ロジャーズ全集 8』岩崎学術出版社、1967 年)

高石浩一「自己概念の形成にかかわる他者」、『心理学研究』1992 年、vol.63、pp.1-7.

Wallon, H. (浜田寿美男訳)『身体・自我・社会』ミネルヴァ書房、1983 年.

山田剛史「理想自己の観点からみた大学生の自己形成に関する研究」、『パーソナリティ研究』2004 年、Vol.12、pp.59-72.

[第 3 章]
American Psychiatric Association *Diagnostic and Statistical Manual of Mental Disorders 4th ed.* (Arlington, 1994).
(高橋三郎ら監訳『DSM-Ⅳ 精神疾患の診断・統計マニュアル』医学書院、1996 年).

American Psychiatric Association *Diagnostic and Statistical Manual of Mental Disorders 5th ed.* (Arlington, 2013).
(高橋三郎ら監訳『DSM-5 精神疾患の診断・統計マニュアル』医学書院、2014 年).

Angermeyer MC., *et al.* "Attitudes towards psychiatric treatment and people with mental illness: Changes over two decades" (2013), *British Journal of Psychiatry*, Vol.203, pp.146-151.

Eaton, W.W., *et al.* "Screening for psychosis in the general population with a self-report interview" (1991), *Journal of Nervous and Mental Disease*, Vol.179, pp.689-693.

文部科学省総合教育政策局調査企画課「平成 30 年度学校保健統計調査報告書」2019 年.
⟨http://www.mext.go.jp/component/b_menu/other/_icsFiles/afieldfile/2019/03/25/1411703_03.pdf⟩(参照 2019 年 6 月 5 日)

荻野恒一「限界状況における集団的幻覚体験について」、『精神医学』1968 年、Vol.10、pp.79〜84.

大矢義実ら「キレやすいと感じる中学生の心身症上の研究」、『愛知淑徳大学心理学部論集』2014 年、Vol.4、pp.31-39.

Peters E.R., *et al.* "Delusional ideation in religious and psychotic population" (1999), *British Journal of Clinical Psychology*, Vol.38, pp.83-96.

Sartorius N.「スティグマと闘うための方策」、『精神医学』2013 年、Vol.55、pp.941-945.

菅原里江「当事者の語りが人々にもたらしたもの」（森本幸子他）「アンチスティグマ活動」、『予防精神医学』2016 年、Vol.1、pp.92-101.

高橋清久・中西英一「総論：我が国におけるアンチスティグマ活動を中心に」、『精神医学』2013 年、Vol.55、pp.929-940.

下山晴彦編『よくわかる臨床心理学　改訂版』ミネルヴァ書房、2009 年.

[第 4 章]
福士 審ら「大震災ストレスの心身への影響」、『心身医療』1995 年、Vol.7、pp.1578-1583.

Homes, T.H. & Rahe, R.H. "The social readjustment rating scale" *Journal of Psychosomatic Research*, (1967), Vol.11, pp.213-218.

厚生労働省『平成 29 年患者調査』2019 年.
<https://www.mhlw.go.jp/toukei/saikin/hw/kanja/17/index.html>（参照 2019 年 6 月 5 日）

永野 純ら「母親のストレス、養育態度と子どもの喘息の経過」、『ストレス科学』2011 年、Vol.25、pp.227-288.

Neria, Y., *et al.* "Post-traumatic stress disorder following disasters" *Psychological Medicine* (2007), Vol.38, pp.467-480.

Selye, H. *The stress of life* (McGraw-Hill, 1956)
（杉 靖三郎ら訳『現代生活とストレス』法政大学出版局、1974 年）

洲崎好香ら「事務職者におけるストレス状況調査」、『日本健康医療学会雑誌』Vol.17、2008 年、pp.8-12.

高塚雄介「震災ストレス」、『ストレス科学研究』2012 年、Vol.27、pp.1-4.

［第 5 章］
有田秀穂 「涙」（二木鋭雄編著）『ストレスの科学と健康』共立出版、2008 年、pp.156-161.

加藤 司「コーピングの柔軟性と抑うつ傾向との関係」、『心理学研究』2001 年、Vol.72、pp.57-63.

Lazarus, R.S. *Stress and emotion* (Springer, 1999)

Lazarus, R.S. & Folkman, S. Stress, appraisal, and coping (Springer, 1984)

大平哲也「ライフコースと健康」、『全人的医療』Vol.17、2019 年、pp.20-27.

坂野雄二監修『学校、職場、地域におけるストレスマネジメント実践マニュアル』北大路書房、2004 年.

［第 6 章］
自死遺児編集委員会・あしなが育英会『自殺って言えなかった。』サンマーク出版、2005 年.

Kübler-Ross, E. *One Death and Dying* (Macmillan, 1969)
（鈴木 晶『死ぬ瞬間』中央公論新社、2001 年）

Worden, W.J. *Grief counselling and grief therapy 4th ed* (Springer Publishing Company, 2008)
（上地雄一郎ら『悲嘆カウンセリング』誠信書房、2011 年）

［第 7 章］
FORBES JAPAN『Women at Work』 9 月号、2018 年.

袰岩奈々『感じない子ども こころを扱えない大人』集英社新書、2001 年.

Rogers, C. R., "The necessary and sufficient conditions of therapeutic personality change" *Journal of Consulting Psychology*, Vol.21, 1957, pp.95-103.
（伊藤 博編訳『ロジャーズ全集 4』岩崎学術出版社、1966 年）

Rogers, C.R. "Autobiography" In E.G. Boring & G. Lindzey(eds.), *A history of psychology in autobiography*, Vol.5 (Appleton-Century-Croft,1967)
（村山正治訳「ロジャーズ」佐藤幸治・安宅孝治編、『現代心理学の系譜 1』岩

崎学術出版社、1975 年)

佐治守夫ら『カウンセリングを学ぶ』東京大学出版会、1996 年.

丹野義彦ら『臨床心理学』有斐閣、2015 年.

［第 8 章］
Freud, S. *Studien über Hysterie* (Hogarth Press, 1895)
(懸田克躬・小此木啓吾訳『フロイト著作集 7』人文学院、1974 年)

江口重幸『シャルコー』勉誠出版、2007 年.

Freud, S. *Neue Folge der Vorlesungen zur Einführung in die Psychoanalyse* (Internationaler Psychoanalytischer Verlag, 1933)
(懸田克躬・高橋義孝訳『フロイト著作集 1』人文学院、1971 年)

Freud, S. Bemerkungen über einen Fall von Zwangsneurose (Hogarth Press, 1909)
(小此木啓吾訳『フロイト著作集 9』人文学院、1983 年)

Freud, S. Zur Einletung der Behandlung (Hogarth, 1913)
(小此木啓吾訳『フロイト著作集 9』人文学院、1983 年)

［第 9 章］
佐治守男ら『カウンセリングを学ぶ』東京大学出版会、1996 年.

丹野義彦ら『臨床心理学』有斐閣、2015 年.

Rogers, C.R., *A way of being* (Houghton Mifflin, 1980)
(畠瀬直子監訳『人間尊重の心理学』創元社、1984 年)

Rogers, C.R., *The clinical treatment of the problem child* (Houghton Mifflin, 1939)
(堀 淑昭編、小野 修訳『ロジァーズ全集 1』岩崎学術出版社、1966 年)

Rogers, C. R., *Counseling and psychotherapy* (Houghton Mifflin, 1942)
(佐治守夫編、友田不二男訳『ロジァーズ全集 2』岩崎学術出版社、1968 年)

Rogers, C.R., *Client-centers therapy: Is current practice, implications*, and theory (Houghton Mifflin, 1951)
(伊藤 博編訳『ロジァーズ全集 15』岩崎学術出版社、1967 年)

Rogers, C. R., "The necessary and sufficient conditions of therapeutic personality change" *Journal of Consulting Psychology*, Vol.21, 1957, pp.95-103.

（伊藤 博編訳『ロジャーズ全集 4』岩崎学術出版社、1966 年）

Rogers, C.R. 1967 "Autobiography" In E.G. Boring & G. Lindzey(eds.), *A history of psychology in autobiography*, Vol.5 (Appleton-Century-Croft,1967)
（村山正治訳「ロジャーズ」佐藤幸治・安宅孝治編『現代心理学の系譜 1』岩崎学術出版社、1975 年）

Rogers, C.R., *et al.* (eds.) *The therapeutic relationship and its impact* (University of Wisconsin Press, 1967)
（古屋健治訳『ロージァズ全集, 別巻 2』岩崎学術出版社、1972 年）

[第 10 章]
Anderson, G. *The Internet and CBT* (CRC Press, 2015)
（長江信和訳『インターネット認知行動療法ガイドブック』創元社、2016 年）

秋山 剛・大野 裕監修『うつ病の集団認知行動療法』医学映像教育センター、2008 年.

Butler AC., *et al.* "The empirical status of cognitive-behavioral therapy" *Clinical Psychological Review*, Vol. 26, 2006, pp17-31.

杉原一昭監修『初めて学ぶ人の臨床心理学』中央法規、2003 年.

[第 11 章]
秋山剛監修『うつ病リワークプログラムのはじめ方』弘文堂、2009 年.

American Psychiatric Association *Diagnostic and Statistical Manual and Mental Disorders 5th ed.* (Arlington, 2013)
（高橋三郎ら監訳『DSM-5 精神疾患の診断・統計マニュアル』医学書院、2014 年).

川上憲人「世界のうつ病、日本のうつ病」、『医学のあゆみ』2006 年、Vol.219、pp.925-929.

黒木宜夫「過重労働と自殺の兆候と予防」、『ストレス科学』2008 年、Vol.22、pp.245-251.

厚生労働省地域におけるうつ対策検討会『うつ対応マニュアル』、2004 年
〈https://www.mhlw.go.jp/shingi/2004/01/s0126-5.html#2〉（参照 2020 年 12 月 10 日）

坂本真士ら編『抑うつの臨床心理学』東京大学出版会、2005 年.

下山晴彦ら編集『公認心理士必携　精神医療・臨床心理の知識と技法』医学書院、2016 年.

［第 12 章］
American Psychiatric Association *Diagnostic and Statistical Manual of Mental Disorders 5th ed.* (Arlington, 2013)
(高橋三郎ら監訳『DSM-5 精神疾患の診断・統計マニュアル』医学書院、2014 年).

朝倉　聡「社交不安障害の診断と治療」、『精神神経学雑誌』、Vol.117、2015 年、pp.413-430.

Clark, D.M. & Wells, A. "*A cognitive model of social phobia*", Heimberg, R.G, *et al.*, (Eds.), "*Social Phobia*", (Guilford Press, 1995), pp.69-93.

Swinson, R.P., *et al.*, "Clinical practice guidelines: management of anxiety disorders", *Canadian Journal of Psychiatry*, Vol.51, 2006, pp.1-92.

清水栄司監修『社交不安障害（社交不安症）の 認知行動療法マニュアル（治療者用）』、2016 年.
<https://www.mhlw.go.jp/file/06-Seisakujouhou.../0000113841.pdf>(参照 2020 年 12 月 18 日)

［第 13 章］
American Psychiatric Association *Diagnostic and Statistical Manual of Mental Disorders 5th ed.* (Arlington, 2013)
(高橋三郎ら監訳『DSM-5 精神疾患の診断・統計マニュアル』医学書院、2014 年).

Bandura, A., *et al.*, "Transmission of the aggression through imitation of aggressive models" *Journal of Applied Social Psychology*, Vol.63, 1961, pp.575-582.

Dodge, K.A., "Behavioral antecedents of peer social status", Child Development, Vol.61, 1983, pp.1289-1399.

Friedman, M. & Rosenman, R.H. "Association of specific overt behavior pattern with blood and cardiovascular findings" *Journal of the American Medical*

Association, Vol.169, 1959, pp.1286-1296.

福西勇夫「患者の攻撃性と健康」、（島井哲志、山崎勝之編）『攻撃性の行動科学　健康編』、ナカニシヤ出版、2002 年、pp.164-181.

岩滿優美「怒りとは何か？」、『精神医学』、Vol.61、2019 年、pp.1235-1241.

川上淳子『子ども、保護者、教師が笑顔で仲よく！　教師のためのケース別アンガーマネジメント』、小学館、2017 年.

大渕憲一『人を傷つける心』、サイエンス社、1993 年.

高井健太朗・塩入俊樹「精神疾患と怒り」、『精神医学』、Vol.61、2019 年、pp.1243-1252.

宇津木成介「感情研究から見た攻撃性」、（島井哲志、山崎勝之編）『攻撃性の行動科学　健康編』、ナカニシヤ出版、2002 年、pp.54-67.

Williams, E. & Barlow, R. Anger Control Training, (Speechmark Publishing, 1998) (壁屋康洋ら訳『アンガーコントロール　トレーニング』星和書店、2006 年).

[第 14 章]
American Psychiatric Association（高橋三郎ら監訳）『DSM-IV 精神疾患の診断・統計マニュアル』、医学書院、1996 年.

American Psychiatric Association（高橋三郎ら監訳）『DSM-5 精神疾患の診断・統計マニュアル』、医学書院、2014 年.

村上由美『ちょっとしたことでうまくいく　発達障害の人が上手に暮らすための本』、翔泳社、2018 年.

岡田尊司『自閉スペクトラム症』、幻冬舎新書、2020 年.

[第 15 章]
有間梨絵ら「性の多様性に向けた教育実践の諸相」、『日本教師教育学会年報』、2019 年、Vol.28、pp.84-94.

Cochran, S.D., *et al.*, "Prevalence of Mental Disorders, Psychological Distress, and Mental Health Services Use among Lesbian, Gay, and Bisexual Adults in the United States" *Journal of Consult Clinical Psychology*, Vol.71, 2003, pp.53-61.

電通ダイバーシティ・ラボ『LGBT 調査 2018』、2019 年.
〈https://www.dentsu.co.jp/news/release/2019/0110-009728.html〉(参照 2020 年
　12 月 9 日).

Hughes, T., *et al.*, "Substance abuse and mental health disparities: Comparisons
　across sexual identity groups in a national sample of young Australian women"
　Social Science and Medicine" Vol.71, 2010, pp.824-831.

釜野さおり他、「性的マイノリティについての意識―2015 年全国調査報告書」、
　『科学研究費助成事業「日本におけるクィア・スタディーズの構築」研究
　グループ（研究代表者　広島修道大学　河口和也）編』、2016 年.

釜野さおり「性的指向と性自認の人口学」、『社会保障研究』、2020 年、Vol.5、
　pp.254-257.

松嶋淑恵、関井友子「性別違和を持つ人びとの多様性」『教育研究所紀要』、
　2016 年、Vol.25、pp.125-141.

三菱 UFJ リサーチ＆コンサルティング、『令和元年厚生労働省委託事業　職
　場におけるダイバーシティ推進事業報告書』、2020 年.

索 引

著者略歴

森本 幸子（もりもと さちこ）

2003年東京大学大学院 総合文化研究科 生命環境科学系 認知行動科学
博士課程 単位取得退学（学術博士）。東北医科薬科大学 教養教育セン
ター 准教授。臨床心理士。公認心理師。

主著『健常者の被害妄想的観念に関する実証的研究』（単著，風間書房，
2005）、『認知行動療法、べてる式。』（分担執筆，医学書院，2007）、『基礎
心理学の臨床的ふだん使い 事例でわかる心理学のうまい活かし方』
（分担執筆，金剛出版，2011）ほか多数。

2019年 8月29日	初 版 第1刷発行
2021年 11月12日	第2版 第1刷発行

こころを科学する臨床心理学入門［第2版］

著　者　森本幸子　©2021
発行者　橋本豪夫
発行所　ムイスリ出版株式会社

〒169-0075
東京都新宿区高田馬場4-2-9
Tel.03-3362-9241(代表)　Fax.03-3362-9145
振替 00110-2-102907

カット：MASH　　　　　ISBN978-4-89641-304-5　C3011